뭔가 있어 보이는 중국어 관용어 52

了不起

국제 중국어능력 표준화고시
HSK 3~4급 난이도 기준

好说

舍不得

汉语惯用语52

뭔가 있어 보이는 중국어52 관용어

了不起

장린자 지음

不简单

하루
15분
투자로 **관용어**가
입에서 술술!

HU:iNE

머리말

중국어 관용어는 중국 현지에서 일상생활에 상당히 광범위하게 사용되는데도 불구하고, 평소 한국에서 중국어를 학습할 때 간과하기 쉬운 표현들입니다. 만약 실제 회화에서 관용어를 접할 때 그 의미와 용법을 정확하게 알지 못하면 그 뜻을 유추하기가 쉽지 않아 대화 전체 맥락을 이해하는 데 어려움이 있을 수 있습니다.

본 교재의 목표는 일상생활 회화에서 쓰이는 관용어 중 사용 빈도가 높은 표현을 중심으로 그 의미와 용법을 이해하고 파악함으로써 중급 수준의 중국어 학습자가 더욱 정확하게 한어수평고시 HSK 관용어 관련 중국어 표현을 익히고 활용할 수 있는 능력을 배양하는 데 있습니다.

본 교재는 한어수평고시 HSK 3~4급 난이도를 기준으로 집필되었습니다. 표면적인 글자로는 뜻을 유추하기가 힘든 관용어에 대하여 그 의미와 쓰임을 이해하기 쉽도록 관련 상황을 제시하는 방법으로 설명하였습니다. 특히, 본 교재는 문장 및 회화 연습 위주로 구성하여 독자들이 더욱 효율적으로 중국어 능력을 향상할 수 있도록 설계하였습니다.

본 교재를 통하여 독자들은 다음과 같은 능력을 배양할 수 있습니다.

첫째, 연관된 상황 속 정보를 듣고 관용어의 의미를 이해할 수 있습니다.

둘째, 관용어가 쓰인 자료를 듣고 이해할 수 있으며 정보를 얻을 수 있습니다.

셋째, 관용어와 연관된 주제를 제시하면 관용어를 활용하여 대화할 수 있습니다.

본 교재는 「들어보기」, 「단어 익히기」, 「상황 속 관용어」, 「활용하기」로 나누어지며, 본문 내용은 일상생활 회화에서 빈도가 높게 쓰이는 관용어로 구성됩니다. 관용어마다 「상황 속 관용어」를 2개씩 제시하고 「관용어 활용하기」를 문장 2개씩 짤막하게 구성하여, 현대 직장인들이 바쁜 생활 속에서도 매일 15분씩만 할애한다면 거뜬히 학습할 수 있도록 업무과 학업을 병행하는 직장인에게 최적의 분량으로 집필하였습니다.

중국어 관용어가 입에서 술술 나와 중국어 원어민이 보기에도 "뭔가 있어 보이는" 중국어 고수가 되길 바랍니다.

張玲嘉

목차

1주차

同意和否定

동의와 부정

[4-1]
没错
맞다

听听惯用语 들어보기

你这么说也**没错**。

당신 말이 맞아요.

学生词 단어 익히기

辣	là	(형) 맵다
新	xīn	(형) 새롭다
男朋友	nán péngyou	(명) 남자 친구
刚	gāng	(부) 방금, 막
在一起	zài yìqǐ	(동) 함께 있다

예

韩国人很能吃**辣**	한국인은 매운 것을 잘 먹어요.
我的**新 男朋友**	제 새로운 남자 친구입니다.
我们**刚 在一起**	우리는 이제 막 사귀게 되었어요.

情景惯用语 상황 속 관용어

대화1

A: 不是每个韩国人都很能吃辣。
Búshì měige Hánguó rén dōu hěn néng chī là.
모든 한국 사람이 매운 것을 잘 먹는 건 아니에요.

B: 你这么说也没错。
Nǐ zhème shuō yě méicuò.
당신 말이 맞아요.

대화2

A: 他是你的新男朋友吗？
Tā shì nǐde xīn nán péngyou ma？
그가 당신의 새로운 남자 친구입니까?

B: 没错，我们刚在一起。
Méicuò, wǒmen gāng zài yiqǐ.
맞아요, 우리는 이제 막 사귀게 되었어요.

活用惯用语 활용하기

听我的准没错。
내 말대로 하기만 하면 돼요.

没错，她很漂亮。
맞아요, 그녀는 정말 예뻐요.

[4-2]
好说
문제없다

听听惯用语 들어보기

只要会还钱，一切**好说**。

돈을 돌려주기만 하면 문제없어요.

学生词 단어 익히기

☑ 借钱	jièqián	(동) 돈을 빌리다
☑ 还钱	huánqián	(동) 빌린 돈을 돌려주다
☑ 一切	yíqiè	(대명사) 전부, 모든
☑ 公司	gōngsī	(명) 회사, 직장
☑ 拜访	bàifǎng	(동) 삼가 방문하다

예

☑ 我跟你**借钱**	당신에게 돈을 빌립니다.
☑ 我会**还钱**	제가 돈을 갚을게요.
☑ **一切**好说	모두 문제없어요.
☑ 去**公司 拜访**	회사에 방문합니다.

情景惯用语 상황 속 관용어

대화1

A: 我能跟你借钱吗?

Wǒ néng gēn nǐ jièqián ma?

내가 당신에게 돈을 빌릴 수 있을까요?

B: 只要会还钱，一切好说。

Zhǐyào huì huánqián，yíqiè hǎo shuō.

돈을 돌려주기만 한다면, 문제없어요.

대화2

A: 我想去你的公司拜访。

Wǒ xiǎng qù nǐde gōngsī bàifang.

제가 당신의 회사를 방문하고 싶습니다.

B: 好说。

Hǎo shuō.

문제없어요.

活用惯用语 활용하기

这件事好说。

이 일은 걱정하지 마세요.

有钱一切都好说。

돈이 있으면 모든 것이 문제없어요.

[4-3]
想得美
꿈 깨!

听听惯用语 들어보기

你**想得美**，快去学习吧。

꿈 깨! 얼른 가서 공부하자.

学生词 단어 익히기

✓ 女朋友	nǚ péngyou	(명) 여자 친구
✓ 结婚	jiéhūn	(동) 결혼하다
✓ 希望	xīwàng	(동) 희망하다, 바라다
✓ 考试	kǎoshì	(동) 시험을 보다
✓ 学习	xuéxí	(동) 학습하다, 공부하다

예

✓ 我的**女朋友**	제 여자 친구입니다.
✓ 他**结婚**了	그는 결혼했어요.
✓ **希望**明天不用**考试**	내일 시험을 안 봤으면 좋겠어요.
✓ 快去**学习**	얼른 가서 공부합시다.

情景惯用语 상황 속 관용어

대화1

A: 我想当孔刘的女朋友。

Wǒ xiǎng dāng Kǒng liú de nǚ péngyou.

나는 공유의 여자 친구가 되고 싶어.

B: 你想得美，他已经结婚了。

Ni xiǎng de měi，tā yǐjīng jiéhūn le.

꿈 깨! 그는 이미 결혼했어.

대화2

A: 希望明天不用考试。

Xīwàng míngtiān búyòng kǎoshì.

내일 시험을 안 봤으면 좋겠어.

B: 你想得美，快去学习吧。

Nǐ xiǎng de měi，kuàiqù xuéxí ba.

꿈 깨! 얼른 가서 공부하자.

活用惯用语 활용하기

你想得太美了。

너, 꿈도 야무지다.

跟老板借钱，你想得美。

사장님한테 돈을 빌리려고, 꿈 깨!

[4-4]

重点整理与练习题

핵심정리 및 연습문제

重点整理 핵심정리

- 没错 méi cuò 맞다.
- 好说 hǎo shuō 문제없다.
- 想得美 xiǎng de měi 꿈 깨!

HSK练习题 HSK 연습문제

1. A: 他是你的哥哥吗?
B: 没错，我们长得很像吧。

问：根据上面的对话，下面哪句话是错误的?

1. B没有哥哥
2. B有哥哥
3. B跟哥哥看起来很像

2.

A：妈，我今天可以不学习吗？
B：你想得美。

问：B是什么意思？

1. A想得很多
2. A应该学习
3. A不学习没关系

3.

A：我想跟你借钱。
B：这件事好说。

问：B表达的是什么意思？

1. B没有钱
2. 愿意借钱给A
3. A有很多钱

2주차

決定和劝告

결정과 충고

[4-1]

别急

조급해하지 마

听听惯用语 들어보기

你再找一找，**别急**。

다시 한번 찾아봐요. 조급해하지 말고.

学生词 단어 익히기

☑ 钱包	qiánbāo	(명) 지갑
☑ 不见	bújiàn	(동) (물건을) 찾을 수가 없다. 없어지다
☑ 快要	kuàiyào	(부) 곧 (…하다)
☑ 迟到	chídào	(동) 지각하다
☑ 送	sòng	(동) 배웅하다, 데려다주다, 전송하다

예

☑ 我的**钱包** **不见**了	제 지갑이 없어졌어요.
☑ 我**快要** **迟到**了	제가 곧 지각할 것 같아요.
☑ 我开车**送**你	제가 차로 바래다줄게요.

情景惯用语 상황 속 관용어

대화1

A: 我的钱包不见了！

Wǒ de qiánbāo bújiàn le.

제 지갑이 없어졌어요!

B: 你再找一找，别急。

Nǐ zài zhǎo yi zhǎo , bié jí.

다시 한번 찾아봐요. 조급해하지 말고.

대화2

A: 我快要迟到了！

Wǒ kuàiyào chídào le!

제가 곧 지각할 것 같아요.

B: 别急，我开车送你去公司。

Bié jí , wǒ kāichē sòng nǐ qù gōngsī.

조급해하지 마세요. 제가 회사에 바래다줄게요.

活用惯用语 활용하기

别急，慢慢儿来。

조급해하지 말고, 천천히 오세요.

别急，我会等你的。

제가 당신을 기다릴 테니, 조급해하지 마세요.

[4-2]
不要紧
괜찮다

听听惯用语 들어보기

不要紧，尽力就好了。

괜찮아요. 최선을 다했으면 됐어요.

学生词 단어 익히기

☑ 比赛	bǐsài	(명) 경기, 시합
☑ 输	shū	(동) 패하다, 지다
☑ 尽力	jìnlì	(부) 온 힘을 다하다, 전력을 다하다
☑ 舒服	shūfu	(형) (몸·마음이) 편안하다, 쾌적하다
☑ 头疼	tóuténg	(동) 머리가 아프다

예

☑ 这次**比赛**我们**输**了	이번 경기는 우리가 졌습니다.
☑ 我**尽力**了	저는 최선을 다했어요.
☑ 他**头疼**不**舒服**	그는 머리가 아픕니다.

情景惯用语 상황 속 관용어

대화1

A: 这次比赛我们输了。
Zhè cì bǐsài wǒmen shū le.
이번 경기는 우리가 졌어요.

B: 不要紧，尽力就好了。
Bú yào jǐn , jìnlì jiù hǎo le.
괜찮아요. 최선을 다했으면 됐어요.

대화2

A: 你身体不舒服吗？
Nǐ shēntǐ bù shūfu ma？
몸이 아픈가요?

B: 有点儿头疼，不要紧。
Yǒudiǎnr tóuténg , bú yào jǐn.
머리가 좀 아픈데 괜찮아요.

活用惯用语 활용하기

你没钱，不要紧，我借你。
돈이 없어도 괜찮아요. 제가 빌려드릴게요.

考不上，不要紧，明年再考就好了。
불합격해도 괜찮아요. 내년에 다시 보면 돼요.

[4-3] 算了
됐다

听听惯用语 들어보기

这件事就这样**算了**吧。

이 일은 이대로 둡시다.

学生词 단어 익히기

又	yòu	(부) 또, 다시
电视	diànshì	(명) 텔레비전
勉强	miǎnqiǎng	(형) 억지로 …하다, 마지못하다, 내키지 않다
事情	shìqing	(명) 일, 사건
处理	chǔlǐ	(동) 처리하다, (문제를) 해결하다

예

他**又**在看**电视**了	그는 텔레비전을 또 보고 있어요.
不要**勉强**	강요하지 마세요.
这件**事情**怎么**处理**	이 일은 어떻게 처리하죠?

情景惯用语 상황 속 관용어

대화1

A: 弟弟又在看电视了。

Dìdi yòu zài kàn diànshì le.

남동생이 텔레비전을 또 보고 있어요.

B: 他不想学习就算了，不要勉强他。

Tā bù xiǎng xuéxí jiù suàn le，búyào miǎnqiǎng tā.

공부하기 싫다면 그냥 둬요. 강요할 필요 없어요.

대화2

A: 昨天的事情你要怎么处理？

Zuótiān de shìqing nǐ yào zěnme chǔlǐ？

어제 일을 당신은 어떻게 처리할 건가요?

B: 这件事就这样算了吧。

Zhè jiàn shì jiù zhèyàng suàn le ba.

이 일은 이대로 둡시다.

活用惯用语 활용하기

算了，别再说了。

됐어요. 더는 말하지 마세요.

那就算了吧。

그럼 그만둡시다.

[4-4]

重点整理与练习题

핵심정리 및 연습문제

重点整理 핵심정리

☑ 别急	bié jí	조급해하지 마
☑ 不要紧	bú yào jǐn	괜찮다
☑ 算了	suàn le	됐다

HSK练习题 HSK 연습문제

1.

A：我的护照不见了！
B：你再找一找，别急。

问：根据上面的对话，下面哪句话是错误的？

1. B要A再找找看
2. A找不到护照
3. B找不到护照

2. A：今年考试我考得不好。
B：不要紧，明年再考就好了。

问：B说话的语气是什么？

1. 生气
2. 安慰
3. 难过

3. A：女儿又不吃饭了！
B：不想吃就算了，不要勉强她

问：B表达的是什么意思？

1. 女儿一定要吃饭
2. 女儿不吃饭没关系
3. 女儿可以自己吃饭

3주차
不满和埋怨
불만과 원망

[4-1]

不像话

말이 안 된다

听听惯用语 들어보기

你这么晚才来上班，太**不像话**了。

당신 이렇게 늦게야 출근을 하다니, 정말 말도 안 되네요.

学生词 단어 익히기

上班	shàngbān	(동) 출근하다
堵车	dǔchē	(동) 교통이 꽉 막히다, 교통 체증이 심하다
厉害	lìhai	(형) 심각하다, 대단하다
乱	luàn	(형) 어지럽다, 무질서하다
打扫	dǎsǎo	(동) 청소하다

예

来公司**上班**	회사에 출근합니다.
车太多，**堵车**太**厉害**了	차가 많아서 교통 체증이 너무 심했어요.
房间很**乱**，得**打扫**	방이 지저분해서 청소해야 합니다.

情景惯用语 상황 속 관용어

대화1

A: 你这么晚才来上班，太不像话了。

Nǐ zhème wǎn cái lái shàngbān , tài bú xiàng huà le.

당신 이렇게 늦게야 출근을 하다니, 정말 말도 안 되네요.

B: 对不起，堵车太厉害了。

Duì bu qǐ , dǔchē tài lìhai le.

죄송합니다. 교통 체증이 너무 심했어요.

대화2

A: 你的房间真是乱得不像话！

Nǐ de fángjiān zhēnshì luàn de bú xiàng huà!

네 방이 정말 말도 안 되게 지저분하구나!

B: 妈，我上周才打扫的呢。

Mā , wǒ shàngzhōu cái dǎsǎo de ne.

엄마, 제가 지난주에 막 청소했는데요.

活用惯用语 활용하기

一边看电影一边通电话，真不像话。

영화 보며 통화하는 건 정말 말도 안 돼요.

考试作弊，你太不像话了！

시험에서 부정행위를 하다니, 너 정말 말도 안 되는구나!

[4-2]

不得不

어쩔 수 없이

听听惯用语 들어보기

工作太多了，我**不得不**加班。

일이 너무 많아서, 야근할 수밖에 없었어요.

学生词 단어 익히기

- 零用钱　língyòng qián　(명) 잡비, 용돈
- 为了　wèi le　(개사) …(을/를) 하기 위하여
- 打工　dǎgōng　(동) 아르바이트하다, 일하다
- 工作　gōngzuò　(명) 근무, 업무, 일
- 加班　jiābān　(동) 초과 근무를 하다, 시간 외 근무를 하다

예

- 给我**零用钱**　저에게 용돈을 주세요.
- **为了**钱**打工**　돈을 위해 아르바이트를 합니다.
- **工作**很多要**加班**　일이 많아서 초과 근무를 해야 합니다.

情景惯用语 상황 속 관용어

대화1

A: 听说你妈妈不给你零用钱了。

Tīngshuō nǐ māma bù gěi nǐ língyòng qián le.

네 엄마가 용돈을 안 준다고 하던데.

B: 为了钱，我不得不开始打工。

Wèi le qián，wǒ bù dé bù kāishǐ dǎgōng.

돈을 위해, 제가 어쩔 수 없이 아르바이트를 시작했어요.

대화2

A: 昨天你怎么那么晚才回家?

Zuótiān nǐ zěnme nàme wǎn cái huíjiā?

어제 당신은 어째서 그렇게 늦게 귀가했나요?

B: 工作太多了，我不得不加班。

Gōngzuò tài duō le，wǒ bù dé bù jiābān.

일이 너무 많아서 야근할 수밖에 없었어요.

活用惯用语 활용하기

考试前我不得不熬夜学习。

시험 전에 저는 어쩔 수 없이 밤새워 공부해요.

前男友突然出现，我不得不马上离开。

전 남자 친구가 불쑥 나타나, 저는 어쩔 수 없이 곧바로 떠났어요.

[4-3]

怎么不早说

왜 진작 말하지 않았니?

听听惯用语 들어보기

你**怎么不早说**！我已经做好今天的晚饭了。

당신 왜 진작 말하지 않았나요? 내가 벌써 오늘 저녁밥을 준비해 두었는데.

学生词 단어 익히기

☑ 期末	qīmò	(명) 학기말
☑ 考试	kǎoshì	(명, 동) 시험, 고사
☑ 复习	fùxí	(동) 복습하다
☑ 饱	bǎo	(형) 배부르다
☑ 晚饭	wǎnfàn	(명) 저녁밥, 저녁 식사

예

☑ **期末**有很多**考试**	학기말에는 많은 시험이 있습니다.
☑ 每天都得**复习**	매일 복습을 해야 합니다.
☑ **晚饭**吃得很**饱**	저녁밥을 배부르게 먹었습니다.

情景惯用语 상황 속 관용어

대화1

A: 老师说期末不考试了。

Lǎoshī shuō qīmò bù kǎoshì le.

선생님이 기말고사를 보지 않는다고 했어요.

B: 你怎么不早说!我都快复习完了。

Nǐ zěnme bù zǎo shuō! Wǒ dōu kuài fùxí wán le.

왜 진작 말하지 않았나요! 제가 거의 다 복습을 했는데.

대화2

A: 老婆，我吃饱了。

Lǎopo，wǒ chībǎo le.

여보, 저 배불러요.

B: 你怎么不早说！我已经做好今天的晚饭了。

Nǐ zěnme bù zǎo shuō! Wǒ yǐjīng zuò hǎo jīntiān de wǎnfàn le.

당신 왜 진작 말하지 않았나요? 내가 벌써 오늘 저녁밥을 준비해 두었는데.

活用惯用语 활용하기

已经知道的事情怎么不早说!

이미 알고 있는 일을 왜 진작 말하지 않았나요!

女朋友怪我怎么不早说。

여자 친구는 왜 진작 말하지 않았냐고 나를 원망했어요.

[4-4]

重点整理与练习题

핵심정리 및 연습문제

重点整理 핵심정리

不像话	bú xiàng huà	말이 안 된다
不得不	bù dé bù	어쩔 수 없이
怎么不早说	zěnme bù zǎo shuō	왜 진작 말하지 않았니?

HSK练习题 HSK 연습문제

1.

A：你这么晚才来，太不像话了。
B：对不起，不会有下次了。

问：根据上面的对话，下面哪句话是错误的？

1. A迟到了
2. B迟到了
3. A不高兴

2. A：昨天你为什么去找老师？
B：老师没接电话，我不得不直接去找他。

问：B是什么意思？

1. 他和老师约好了见面
2. 他本来没打算去找老师
3. 他和A一起去找老师

3. A：最后一个单元不考了。
B：你怎么不早说！我都快复习完了。

问：B说话的语气是什么

1. 不满
2. 难过
3. 感谢

4주차
形容词性惯用语
형용사성 관용어

[4-1]

还可以

그런대로 괜찮다

听听惯用语 들어보기

目前都**还可以**。

지금은 그런대로 괜찮아요.

学生词 단어 익히기

☑ 昨天	zuótiān	(명) 어제
☑ 怎么样	zěnmeyàng	어떻다, 어떠하다 [주로 의문문으로 쓰임]
☑ 新	xīn	(형) 새롭다, 새것의
☑ 项目	xiàngmù	(명) 사업, 프로젝트
☑ 目前	mùqián	(명) 지금, 현재

예

☑ **昨天**的比赛**怎么样**?	어제의 경기는 어땠나요?
☑ **新**的工作**项目**	새로운 사업
☑ 我很满意**目前**的生活	저는 현재의 생활에 매우 만족합니다.

情景惯用语 상황 속 관용어

대화1

A: 昨天考试考得怎么样?

Zuótiān kǎoshì kǎo de zěnmeyàng ?

어제 시험은 어땠나요?

B: 还可以。

Hái kěyǐ.

그럭저럭 괜찮았어요.

대화2

A: 新的工作项目怎么样?

Xīn de gōngzuò xiàngmù zěnmeyàng ?

새로운 사업은 어떠세요?

B: 目前都还可以。

Mùqián dōu hái kěyǐ.

지금은 그런대로 괜찮아요.

活用惯用语 활용하기

我的大学成绩还可以。

제 대학성적은 그런대로 괜찮아요.

这篇文章写得还可以。

이 문장은 그런대로 괜찮게 썼네요..

[4-2]
不怎么样
별로 좋지 않다

听听惯用语 들어보기

昨天看了，我觉得**不怎么样**。
어제 봤는데, 저는 별로였어요.

学生词 단어 익히기

电影	diànyǐng	(명) 영화
觉得	juéde	(동) …라고 생각하다
听说	tīngshuō	(동) 듣자 하니, 듣건대
弹	tán	(동) (악기를) 타다, 치다, 연주하다
钢琴	gāngqín	(명) 피아노

예

听说你喜欢看**电影**	당신이 영화 보는 것을 좋아한다고 들었어요.
我**觉得**很高兴	저는 매우 기뻐요.
我会**弹 钢琴**	저는 피아노를 칠 줄 알아요.

情景惯用语 상황 속 관용어

대화1

A: 你看过这部电影吗？
Nǐ kàn guò zhè bù diànyǐng ma?
당신은 이 영화를 본 적이 있나요?

B: 昨天看了，我觉得不怎么样。
Zuótiān kàn le , wǒ juéde bù zěnmeyàng.
어제 봤는데, 저는 별로였어요.

대화2

A: 听说你会弹钢琴?
Tīngshuō nǐ huì tán gāngqín ?
당신이 피아노를 칠 줄 안다면서요?

B: 小时候学过，但是弹得不怎么样。
Xiǎo shíhou xué guò , dànshì tán de bù zěnmeyàng.
어렸을 때 배워본 적이 있지만, 잘 치지는 못해요.

活用惯用语 활용하기

他这个人不怎么样。
그 사람은 별로 좋지 않아요.

他唱歌唱得不怎么样。
그는 노래를 잘 부르지 못해요.

[4-3]

不简单

대단하다

听听惯用语 들어보기

他真**不简单**。

그는 정말 대단하네요.

学生词 단어 익히기

拉	lā	(동) 켜다, 타다, 연주하다
小提琴	xiǎo tíqín	(명) 바이올린
老板	lǎobǎn	(명) 사장, 상점 주인
出差	chūchāi	(동) (외지로) 출장 가다
翻译	fānyì	(동) 번역하다, 통역하다

예

- 我会**拉 小提琴** — 저는 바이올린을 켤 수 있어요.
- 和**老板**一起**出差** — 사장님과 함께 출장을 갑니다.
- **翻译**很不容易 — 통역은 쉽지 않습니다.

情景惯用语 상황 속 관용어

대화1

A: 他才三岁就会拉小提琴。

Tā cái sān suì jiùhuì lā xiǎo tíqín.

그는 겨우 3살인데 바이올린을 켤 수 있어요.

B: 真不简单！

Zhēn bù jiǎndān!

그는 정말 대단하네요!

대화2

A: 这次他和老板一起出差，还要负责翻译。

Zhècì tā hé lǎobǎn yìqǐ chūchāi，háiyào fùzé fānyì.

이번에 그는 사장님과 함께 출장을 가야 하고, 통역까지 책임을 져야 합니다.

B: 他真不简单。

Tā zhēn bù jiǎndān.

정말 대단하네요.

活用惯用语 활용하기

他一个人照顾三个孩子，真不简单。

그는 혼자서 아이 셋을 돌보는데, 정말 대단해요.

他工作一年就能买房子，真不简单。

그는 일 년간 일하면 집을 바로 살 수 있어요. 정말 대단해요.

[4-4]

重点整理与练习题

핵심정리 및 연습문제

重点整理 핵심정리

☑ 还可以	hái kěyǐ	그런대로 괜찮다
☑ 不怎么样	bù zěnmeyàng	별로 좋지 않다
☑ 不简单	bù jiǎndān	대단하다

HSK练习题 HSK 연습문제

1.

A：小丽男朋友长得怎么样？

B：还可以。

问：根据对话，下面哪句话最合适？

1. 小丽男朋友不好看
2. 小丽男朋友特别帅
3. 小丽男朋友不丑

2. A: 你会做菜吗？
B: 会，但是做得不怎么样

问：B是什么意思？

1. 很会做菜
2. 菜做得不好
3. 经常做菜

3. A：小李大学读三年就毕业了。
B：他是怎么做到的？真不简单！

问：B说话的语气怎么样？

1. 生气
2. 羡慕
3. 讨厌

5주차
动词性惯用语
동사성 관용어

[4-1]

打交道

교제하다

听听惯用语 들어보기

跟他**打交道**你得小心一点儿。

그와 교제하는 것을 당신은 조심해야 해요.

学生词 단어 익히기

☑ 怎么	zěnme	(대명사) 어떻게, 어째서, 왜
☑ 其实	qíshí	(부) 사실
☑ 挺	tǐng	(부) 꽤, 매우, 아주, 대단히
☑ 小心	xiǎoxīn	(동) 조심하다, 주의하다
☑ 知道	zhīdao	(동) 알다, 이해하다

예

☑ 你是**怎么 知道**的？	당신은 어떻게 알았나요?
☑ **其实**我**挺**高兴的	사실 저는 매우 기뻐요.
☑ 他做事情很**小心**	그는 일할 때 매우 조심스럽게 합니다.

情景惯用语 상황 속 관용어

대화1

A: 你怎么和那种人打交道?

Nǐ zěnme hé nà zhǒng rén dǎ jiāo dao?

당신은 왜 그런 사람과 교제하나요?

B: 其实他这个人挺好的。

Qíshí tā zhè ge rén tǐng hǎo de.

사실 그 사람은 꽤 괜찮아요.

대화2

A: 跟他打交道你得小心一点儿。

Gēn tā dǎ jiāo dao nǐ děi xiǎoxīn yìdiǎnr.

그와 교제하는 것을 당신은 조심해야 해요.

B: 我知道。

Wǒ zhīdao.

알고 있어요.

活用惯用语 활용하기

他很懂得怎么跟人打交道。

그는 사람들과 어떻게 교제하는지 잘 알고 있어요.

你不准再和他打交道了。

당신은 그와 다시는 교제하면 안 돼요.

[4-2]

舍不得

아쉬워하다, 아까워하다

听听惯用语 들어보기

这里太美了，我**舍不得**离开。

이곳이 너무 아름다워서 떠나지 못하겠어요.

学生词 단어 익히기

鞋子	xiézi	(명) 신발, 구두
漂亮	piàoliang	(형) 예쁘다, 아름답다
平时	píngshí	(명) 평소, 평상시
收拾	shōushi	(동) 정리하다, 정돈하다, 꾸리다
行李	xíngli	(명) 짐, 수화물

예

这双**鞋子**真**漂亮**	이 신발은 정말 예쁘네요.
平时经常学习	평소에 늘 공부를 합니다.
收拾你的**行李**	짐을 정리하세요.

情景惯用语 상황 속 관용어

대화1

A: 你的鞋子好漂亮啊！

Nǐ de xiézi hǎo piàoliang a!

당신의 신발이 참 예쁘네요!

B: 谢谢，我平时都舍不得穿呢！

Xièxie , wǒ píngshí dōu shě bu de chuān ne !

고마워요. 제가 평소에 아까워서 차마 신지도 못하는걸요.

대화2

A: 你怎么还没收拾行李?

Nǐ zěnme háiméi shōushi xíngli?

당신은 왜 아직도 짐을 싸지 않았나요?

B: 这里太美了，我舍不得离开。

Zhèli tài měi le , wǒ shě bu de líkāi.

이곳이 너무 아름다워서 떠나지 못하겠어요.

活用惯用语 활용하기

弟弟要出国留学了，妈妈觉得有点儿舍不得。

남동생이 곧 외국으로 유학을 가는데 어머니께서는 헤어지기 아쉬워하셨어요.

我喜欢这个小区，真舍不得搬家

저는 이 동네가 좋아서 이사 가기 아쉬워요.

[4-3]
受不了
참을 수가 없다

听听惯用语 들어보기

我**受不了**他总是怀疑我。
그가 늘 나를 의심해서 참을 수가 없었어요.

学生词 단어 익히기

- ☑ 分手 fēnshǒu (동) 헤어지다, 이별하다
- ☑ 总是 zǒngshì (부) 늘, 줄곧, 언제나
- ☑ 怀疑 huáiyí (동) 의심하다, 의심을 품다
- ☑ 每次 měicì (부) 매차, 매번
- ☑ 迟到 chídào (동) 지각하다

예

- ☑ 和女朋友**分手** 여자 친구와 헤어졌어요.
- ☑ 他**总是**喜欢**怀疑**别人 그는 언제나 남을 의심하는 것을 좋아합니다.
- ☑ **每次**都**迟到** 매번 지각합니다.

情景惯用语 상황 속 관용어

대화1

A: 你为什么和男朋友分手啊？

Nǐ wèishénme hé nán péngyou fēnshǒu a？

당신은 왜 남자 친구와 헤어졌나요?

B: 我受不了他总是怀疑我。

Wǒ shòu bu liǎo tā zǒngshì huáiyí wǒ.

그가 늘 나를 의심해서 참을 수가 없었어요.

대화2

A: 对不起，我来晚了！

Duìbuqǐ，wǒ lái wǎn le！

늦어서 미안합니다.

B: 你每次都迟到，真让人受不了。

Nǐ měicì dōu chídào，zhēn ràng rén shòu bu liǎo.

당신은 매번 지각하고, 정말 참을 수가 없네요.

活用惯用语 활용하기

他做事的方法真让人受不了。

그가 일을 처리하는 방식은 정말 못 봐주겠어요.

我最受不了他说话的态度。

저는 그의 말하는 태도를 제일 참을 수가 없어요.

[4-4]

重点整理与练习题

핵심정리 및 연습문제

重点整理 핵심정리

- 打交道 dǎ jiāo dao 교제하다
- 舍不得 shě bu de 아쉬워하다, 아까워하다
- 受不了 shòu bu liǎo 참을 수가 없다

HSK练习题 HSK 연습문제

1. A：你不准再和小王打交道了。
B：其实他这个人挺好的。

问：根据上面的对话，下面哪句话是正确的？

1. A喜欢小王
2. B喜欢小王
3. A想和小王做朋友

2. A：妈，我明天就要走了，到英国会给你打电话的。
B：我真舍不得你走。

问：B说话的语气是什么？

1. 开心
2. 羡慕
3. 难过

3. A：你为什么不太喜欢小王？
B：我受不了他每次都迟到。

问：B是什么意思？

1. 小王总是很早到
2. 小王经常很晚才到
3. 小王不太喜欢B

6주차

时间

시간

[4-1]

立马

즉시, 바로

听听惯用语 들어보기

别生气，我现在**立马**回家。

화내지 말아요. 지금 바로 집으로 갈게요.

学生词 단어 익히기

☑ 忘	wàng	(동) 잊다, 망각하다
☑ 聚餐	jùcān	(동) 회식하다
☑ 生气	shēngqì	(동) 화내다, 성나다
☑ 插班	chābān	(동) 편입하다
☑ 交	jiāo	(동) 사귀다, 교제하다

예

☑ **忘**了今天有**聚餐**	오늘 회식이 있다는 걸 깜박했어요.
☑ 好了, 别**生气**了	알겠어요, 화내지 마세요.
☑ 他是**插班**生	그는 편입생입니다.
☑ 弟弟**交**女朋友了	남동생이 여자 친구를 사귀게 되었어요.

情景惯用语 상황 속 관용어

대화1

（打电话）(전화하기)

A: 喂，这么晚了，你怎么还不回家？

Wéi , zhème wǎn le , nǐ zěnme hái bù huíjiā ?

여보세요, 이렇게 늦었는데 당신 왜 아직도 집에 오지 않는 건가요?

B: 我忘了告诉你今天有聚餐，别生气，我现在立马回家。

Wǒ wàng le gàosu nǐ jīntiān yǒu jùcān , bié shēngqì , wǒ xiànzài lìmǎ huíjiā.

오늘 회식이 있었는데 말한다는 걸 깜박했네요. 화내지 말아요. 지금 바로 집으로 갈게요.

대화2

A: 小李真受大家欢迎。

Xiǎolǐ zhēn shòu dàjiā huānyíng.

샤오리는 모두의 환영을 받았어요.

B: 是啊，他刚插班到我们学校，就立马交到新朋友了。

Shì a , tā gāng chābān dào wǒmen xuéxiào , jiù lìmǎ jiāo dào xīn péngyou le.

맞아요, 그가 막 우리 학교에 편입했는데, 곧바로 새로운 친구를 사귀게 되었어요.

活用惯用语 활용하기

机会来的时候应该立马抓住它。

기회가 왔을 때 그것을 즉시 잡아야 해요.

他很聪明，什么都能立马学起来。

그는 매우 똑똑해서 무엇이든지 곧바로 배워요.

[4-2]
抽空
시간을 내다

听听惯用语 들어보기

还好你提醒我，我会**抽空**去买的。

다행히 당신이 알려줘서, 시간을 내 사러 갈 수 있겠네요.

学生词 단어 익히기

生日	shēngrì	(명) 생일
记得	jìde	(동) 기억하고 있다
礼物	lǐwù	(명) 선물, 증정품
提醒	tíxǐng	(동) 일깨우다, 상기시키다
最近	zuìjìn	(명) 최근, 요즈음

예

生日收到很多**礼物**	생일날 많은 선물을 받았습니다.
记得以前的朋友	옛 친구를 기억합니다.
提醒我明天要考试	제가 내일 시험이 있다고 상기시켜 주세요.
最近过得怎么样?	요즘 어떻게 지내세요?

情景惯用语 상황 속 관용어

대화1

A: 孩子明天生日，记得给他买个礼物。

Háizi míngtiān shēngrì ，jìde gěi tā mǎi ge lǐwù.

우리 애가 내일 생일인데, 아이에게 줄 선물 사는 것을 꼭 기억하세요.

B: 还好你提醒我，我会抽空去买的。

Háihǎo nǐ tí ǐng wǒ，wǒ huì chōukòng qù mǎi de！

다행히 당신이 알려줘서 시간을 내 사러 갈 수 있겠네요.

대화2

A: 老板最近是不是在学汉语?

Lǎobǎn zuìjìn shì bú shì zài xué Hànyǔ?

사장님께서 요즘 중국어 공부를 하고 계시죠?

B: 没错，他每天都抽空学习。

Méicuò，tā měitiān dōu chōukòng xuéxí.

맞아요, 그는 매일 시간을 내서 공부하고 있어요.

活用惯用语 활용하기

你要经常抽空来看我们。

당신 시간을 자주 좀 내서 우리를 보러 오세요.

非常感谢大家今天抽空来参加会议。

오늘 시간을 내서 회의에 참석해주신 여러분께 대단히 감사드립니다.

[4-3]

一转眼

눈 깜짝할 사이에

听听惯用语 들어보기

是啊，孩子**一转眼**就长大了。

네, 눈 깜짝할 사이에 다 커버렸네요.

学生词 단어 익히기

✓ 跟	gēn	(동) 따르다, 좇아가다
✓ 怕	pà	(동) 근심하다, 걱정하다
✓ 大学	dàxué	(명) 대학
✓ 时间	shíjiān	(명) 시간
✓ 长大	zhǎngdà	(동) 성장하다, 자라다

예

✓ **跟**着我做就行了	저를 따라 하면 됩니다.
✓ 妈妈**怕**我考不上**大学**	엄마는 제가 대학에 합격하지 못할까 봐 걱정해요.
✓ **时间**过得很快	시간이 정말 빨리 지나가네요.
✓ 孩子已经**长大**了	아이가 벌써 다 커버렸네요.

情景惯用语 상황 속 관용어

대화1

A: 这里人很多，你要好好儿跟着我。

Zhèlǐ rén hěn duō , nǐ yào hǎohāor gēn zhe wǒ.

이곳은 사람이 많아서 당신은 저를 잘 따라와야 해요.

B: 我真怕一转眼就找不到你了。

Wǒ zhēn pà yì zhuǎn yǎn jiù zhǎo bú dào nǐ le.

눈 깜짝할 사이에 당신을 찾지 못할까 봐 겁이 나네요.

대화2

A: 你孩子都上大学了啊?时间过得真快。

Nǐ háizi dōu shàng dàxué le a ? Shíjiān guò de zhēn kuài.

당신의 자식들이 벌써 대학을 갔나요? 세월이 참 빠르군요.

B: 是啊，孩子一转眼就长大了。

Shì a , háizi yì zhuǎn yǎn jiù zhǎngdà le.

네, 눈 깜짝할 사이에 다 커버렸네요.

活用惯用语 활용하기

一转眼我们已经认识十年了。

눈 깜짝할 사이에 우리가 알고 지낸 지 10년이 되었네요.

一转眼，大学四年就这样过了。

눈 깜짝할 사이에 대학에서의 4년이 이렇게 지나갔네요.

[4-4]

重点整理与练习题

핵심정리 및 연습문제

重点整理 핵심정리

- 立马 lìmǎ 즉시, 바로
- 抽空 chōukòng 시간을 내다
- 一转眼 yì zhuǎn yǎn 눈 깜짝할 사이에

HSK练习题 HSK 연습문제

1.

A：这么晚了，你怎么还在外面？
B：对不起，别生气，我现在立马回家。

问：根据上面的对话，下面哪句话是错误的？

1. A不太高兴
2. B今天不回家
3. B现在可能很紧张

2. A：你每天都要抽空学习。
B：我也想啊，但是真的太忙了。

问：B说话的语气是什么？

1. 无奈
2. 失望
3. 羡慕

3. A：时间过得真快。
B：是啊，一转眼，一学期就这样过了。

问：根据上面的对话，下面哪句话是正确的？

1. B不同意A的看法
2. B认为这个学期过得很慢
3. A和B都觉得时间过得很快

7주차

称赞和客套

칭찬과 겸양

[4-1]

没什么

별거 아니다

听听惯用语 들어보기

没什么，应该做的。

별거 아니에요. 마땅히 해야죠.

学生词 단어 익히기

☑ 篇	piān	(양사) 편, 장
☑ 文章	wénzhāng	(명) 글
☑ 请	qǐng	(동) 대접하다
☑ 聪明	cōngming	(형) 똑똑하다, 총명하다
☑ 不同	bùtóng	(형) 같지 않다, 다르다

예

☑ 一**篇** **文章**	한 편의 글
☑ 我**请**你吃饭	제가 식사를 대접할게요.
☑ 你真**聪明**	당신은 정말 똑똑하군요.
☑ 结婚以后完全**不同**	결혼을 하더니 완전히 달라졌어요.

情景惯用语 상황 속 관용어

대화1

A: 谢谢你帮我翻译这篇文章，晚上我请你吃饭。
Xièxiè nǐ bāng wǒ fānyì zhè piān wénzhāng , wǎnshang wǒ qǐng nǐ chīfàn.
이 글을 번역하는 걸 도와줘서 고마워요. 저녁은 제가 대접할게요.

B: 没什么，应该做的。
Méishénme , yīnggāi zuò de.
별거 아니에요. 마땅히 해야죠.

대화2

A: 他小时候不是很聪明吗？
Tā xiǎoshíhou búshì hěn cōngming ma ?
그는 어렸을 때 똑똑했던 거 아닌가요?

B: 可是长大以后跟一般人没什么不同。
Kěshì zhǎngdà yǐhòu gēn yìbānrén méishénme bùtóng.
크고 나서는 보통 사람들과 별반 다를 게 없어요.

活用惯用语 활용하기

这部电影没什么好看的。
이 영화는 별로 재미가 없네요.

我对他没什么印象。
저는 그에 대한 별다른 인상이 없어요.

[4-2]

了不起

괭장하다, 대단하다

听听惯用语 들어보기

他真是个**了不起**的青年。

그는 정말 대단한 청년이네요.

学生词 단어 익히기

☑ 年轻	niánqīng	(형) 젊다, 어리다
☑ 国外	guówài	(명) 국외, 외국
☑ 奥运会	àoyùnhuì	(명) 올림픽
☑ 精彩	jīngcǎi	(형) 뛰어나다, 훌륭하다
☑ 夺	duó	(동) 얻다, 획득하다

예

☑ 他很**年轻**就在**国外**工作了	그는 젊은 나이에 해외에서 일하게 되었어요.
☑ **奥运会**真**精彩**!	올림픽은 정말 훌륭하네요.
☑ **夺**得一枚金牌	금메달을 땄습니다.

情景惯用语 상황 속 관용어

대화1

A: 他这么年轻就在国外工作，还买了房子。

Tā zhème niánqīng jiù zài guówài gōngzuò, hái mǎi le fángzi.

그는 이렇게 젊은 나이에 해외에서 일하며 집도 마련했어요.

B: 他真是个了不起的青年。

Tā zhēnshì ge liǎobuqǐ de qīngnián.

그는 정말 대단한 청년이네요.

대화2

A: 这次奥运会真精彩！

Zhè cì àoyùnhuì zhēn jīngcǎi !

이번 올림픽은 정말 훌륭하네요!

B: 特别是小李，他一个人就夺得三枚金牌，真了不起。

Tèbié shì Xiǎolǐ , tā yí ge rén jiù duó dé sān méi jīnpái , zhēn liǎobuqǐ.

특히 샤오리요. 그는 혼자서 3개의 금메달을 땄어요. 정말 대단해요!

活用惯用语 활용하기

我认为那没什么了不起的。

저는 그것이 그리 대단하지 않다고 생각해요.

这个发明真了不起。

이 발명은 정말 대단해요.

[4-3]

哪儿的话

별말씀을요

听听惯用语 들어보기

哪儿的话，您太客气了。

별말씀을요. 너무 겸손하시네요.

学生词 단어 익히기

不好意思	bùhǎo yìsi	죄송합니다, 미안합니다
麻烦	máfan	(동) 귀찮게 하다, 폐를 끼치다
客气	kèqi	(형) 겸손하다
地道	dìdao	(형) 현지의, 진짜의
差得远	chàdeyuǎn	아직 멀었다

예

- **不好意思**，**麻烦**你了 — 번거롭게 해드려 죄송합니다.
- 你太**客气**了 — 너무 겸손하십니다.
- 这家饭馆很**地道** — 이 음식점은 정말 정통이에요.
- 我还**差得远**呢！ — 전 아직 멀었어요.

情景惯用语 상황 속 관용어

대화1

A: 不好意思，这件事太麻烦你了。

Bùhǎo yìsi , zhè jiàn shì tài máfan nǐ le.

죄송해요. 이 일이 당신을 너무 번거롭게 했네요.

B: 哪儿的话，您太客气了。

Nǎrdehuà , nín tài kèqi le.

별말씀을요. 너무 겸손하시네요.

대화2

A: 你的汉语说得真地道。

Nǐ de Hànyǔ shuō de zhēn dìdao.

당신은 중국어를 정말 잘하시네요.

B: 哪儿的话，我还差得远呢。

Nǎrdehuà , wǒ hái chàdeyuǎn ne.

별말씀을요. 전 아직 멀었는걸요.

活用惯用语 활용하기

哪儿的话，这点事情不算什么。

별말씀을요. 이 정도 일은 아무것도 아니에요.

哪儿的话，小事一件。

별말씀을요. 사소한 일이에요.

[4-4]

重点整理与练习题

핵심정리 및 연습문제

重点整理 핵심정리

- ☑ 没什么 méishénme 괜찮다, 별거 아니다
- ☑ 了不起 liǎobuqǐ 굉장하다, 대단하다
- ☑ 哪儿的话 nǎrdehuà 별말씀을요

HSK练习题 HSK 연습문제

1.

A：老王小时候特别聪明。

B：不过长大以后跟一般人没什么不同。

问：根据上面的对话，下面哪句话是正确的？

1. 老王现在很聪明
2. 老王现在跟一般人一样
3. 老王以前不太聪明

2. A：这次比赛特别精彩！
B：是啊，小李一个人就赢得许多项目，真了不起。

问：B说话的语气是什么？

1. 讨厌
2. 嫉妒
3. 惊叹

3. A：不好意思，我老是麻烦你。
B：哪儿的话，这点事情不算什么。

问：B是什么意思？

1. 事情很容易
2. 觉得A很麻烦
3. 想请A帮忙

8주차

插入语

삽입어

[4-1]
听说
듣자 하니

听听惯用语 들어보기

我没**听说**过这件事。

저는 그 소식을 듣지 못했네요.

学生词 단어 익히기

从	cóng	(개사) …부터, …을 기점으로
济州岛	Jǐzhōu dǎo	(명) 제주도
家人	jiārén	(명) 한 가족
度假	dùjià	(동) 휴가를 보내다
订婚	dìnghūn	(동) 약혼하다

예

从 济州岛回来	제주도에서 돌아왔어요.
我和**家人**一起吃饭	가족들과 함께 밥을 먹어요.
出国**度假**	해외에 가서 휴가를 보냅니다.
和男朋友**订婚**	남자 친구와 약혼을 합니다.

情景惯用语 상황 속 관용어

대화1

A: 听说你刚从济州岛回来?

Tīngshuō nǐ gāng cóng Jìzhōu dǎo huílái?

당신은 방금 제주도에서 돌아왔다면서요?

B: 是啊，我和家人去度假了。

Shì a , wǒ hé jiārén qù dùjià le.

네, 저는 가족들과 휴가를 보내러 갔어요.

대화2

A: 小王最近和女朋友订婚了。

Xiǎowáng zuìjìn hé nǚ péngyou dìnghūn le.

샤오왕이 최근에 여자 친구와 약혼을 했어요.

B: 是吗? 我没听说过这件事。

Shì ma ? Wǒ méi tīngshuō guo zhè jiàn shì.

그래요? 저는 그 소식을 듣지 못했네요.

活用惯用语 활용하기

听说这几天会下雪。

요 며칠 눈이 내린대요.

听说你最近换工作了?

당신 최근에 직장을 옮겼다면서요?

[4-2]

看样子

보아하니 … 듯하다

听听惯用语 들어보기

看样子像是昨天没睡好。

보아하니 어제 잠을 못 잤나 봐요.

学生词 단어 익히기

运动服	yùndòng fú	(명) 운동복
健身房	jiànshēn fáng	(명) 헬스클럽
出来	chūlái	(동) (안에서 밖으로) 나오다
一直	yìzhí	(부사) 계속, 줄곧
打瞌睡	dǎ kē shuì	(동) 졸다

예

一套**运动服**	운동복 한 벌
第一次去**健身房**	처음으로 헬스클럽에 갑니다.
从教室走**出来**	교실에서 걸어 나옵니다.
上课**一直 打瞌睡**	수업 시간 내내 졸았네요.

情景惯用语 상황 속 관용어

대화1

A: 他怎么穿着运动服就来了呢?

Tā zěnme chuān zhe yùndòng fú jiù lái le ne?

그는 왜 운동복 차림으로 왔나요?

B: 看样子是刚从健身房出来 。

Kàn yàngzi shì gāng cóng jiànshēn fáng chūlái.

보아하니 방금 헬스클럽에서 나온 것 같네요.

대화2

A: 他今天一直打瞌睡。

Tā jīntiān yìzhí dǎ kē shuì.

그는 오늘 내내 졸았어요.

B: 看样子像是昨天没睡好。

Kàn yàngzi xiàngshì zuótiān méi shuìhǎo.

보아하니 어제 잠을 못 잤나 봐요.

活用惯用语 활용하기

他走得不太稳，看样子快要跌倒了。

그의 걸음이 그리 안정적이지 않은 걸 보니 곧 넘어질 것 같네요.

现在都是乌云，看样子要下雨了。

지금 온통 먹구름인 걸 보니 곧 비가 내릴 것 같네요.

[4-3]
说实在的
솔직히 말해서

听听惯用语 들어보기

说实在的，我对投资不太了解。

솔직히 말해서 제가 투자에 대해서는 잘 알지 못해요.

学生词 단어 익히기

☑ 印象	yìnxiàng	(명) 인상
☑ 股票	gǔpiào	(명) 주, 주식
☑ 上涨	shàngzhǎng	(동) (수위, 물가 등이) 오르다
☑ 投资	tóuzī	(동) (특정 목적을 위해) 투자하다, 자금을 투입하다.
☑ 了解	liǎojiě	(동) 자세하게 알다, 이해하다

예

☑ 第一**印象**	첫인상
☑ **股票**还会**上涨**	주식이 더 오를 것 입니다.
☑ 对**投资**不太**了解**	투자에 대해서 잘 알지는 못합니다.

情景惯用语 상황 속 관용어

대화1

A: 你对小李的印象怎么样?

Nǐ duì Xiǎolǐ de yìnxiàng zěnme yàng?

당신은 샤오리에 대한 인상이 어떤가요?

B: 说实在的，一开始不太喜欢他。

Shuō shízài de , yì kāishǐ bú tài xǐhuan tā.

솔직히 말해서 처음에는 그를 별로 좋아하지 않았어요.

대화2

A: 你觉得最近股票还会上涨吗?

Nǐ juéde zuìjìn gǔpiào hái huì shàngzhǎng ma?

당신이 보기에는 최근에 주식이 좀 더 오르게 될까요?

B: 说实在的，我对投资不太了解。

Shuō shízài de , wǒ duì tóuzī bú tài liǎojiě.

솔직히 말해서 제가 투자에 대해서는 잘 알지 못해요.

活用惯用语 활용하기

说实在的，我觉得这个项目不会成功。

솔직히 말하면, 제 생각에는 이 프로젝트는 성공할 수 없어요.

说实在的，我最近没时间学习。

솔직히 저는 요즘 공부할 시간이 없어요.

[4-4]

重点整理与练习题

핵심정리 및 연습문제

重点整理 핵심정리

☑ 听说	tīngshuō	듣자 하니
☑ 看样子	kàn yàngzi	보아하니 … 듯하다
☑ 说实在的	shuō shízài de	솔직히 말해서

HSK练习题 HSK 연습문제

1. A：听说小王最近换工作了？
B：是吗？我没听说过这件事。

问：根据上面的对话，下面哪句话是正确的？

1. B知道小王换工作了
2. 小王找到新的工作了
3. A想帮小王找工作

2. A：你看外面都是乌云。
B：看样子要下雨了。

问：B是什么意思？

1. 喜欢下雨天
2. 乌云很多
3. 好像要下雨了

3. A：你的成绩怎么越来越不好了？
B：说实在的，我最近都没时间学习。

问：根据上面的对话，下面哪句话是错误的？

1. B每天都学习
2. B的成绩变差了
3. B以前的成绩比较好

9주차
描述行为
행동묘사

[4-1]

出风头

자기를 내세우다

听听惯用语 들어보기

不要告诉别人，他不太想**出风头**。

다른 사람에게는 얘기하지 마세요. 그는 자신을 내세우는 것을 원치 않아 해요.

学生词 단어 익히기

奇怪	qíguài	(형) 기이하다, 이상하다
爱	ài	(동) 좋아하다
习惯	xíguàn	(동) 습관이 되다, 익숙해지다
捐款	juānkuǎn	(동) 돈을 기부하다, 헌금하다
别人	biérén	(명) 남, 타인, 다른 사람

예

奇怪的事情	이상한 일
他**爱**做什么就做什么	그는 하고 싶은 대로 합니다.
不**习惯**早起	일찍 일어나는 것이 익숙하지 않아요.
捐款给**别人**	타인에게 기부합니다.

情景惯用语 상황 속 관용어

대화1

A: 小王总是喜欢做一些奇怪的事情。

Xiǎowáng zǒngshì xǐhuan zuò yìxiē qíguài de shìqing.

샤오왕은 늘 이상한 일 하는 것을 좋아하네요.

B: 他爱出风头，我已经习惯了。

Tā ài chūfēngtou，wǒ yǐjīng xíguàn le.

그는 자신을 내세우기 좋아하는데, 저는 이미 적응이 됐어요.

대화2

A: 听说这次他捐款一百万。

Tīngshuō zhècì tā juānkuǎn yìbǎi wàn.

이번에 그가 백만 원을 기부했대요.

B: 不要告诉别人，他不太想出风头。

Búyào gàosu biérén，tā bù xiǎng tài chūfēngtou.

다른 사람에게는 얘기하지 마세요. 그는 자신을 내세우는 것을 원치 않아 해요.

活用惯用语 활용하기

他总是爱出风头。

그는 항상 자신을 내세우기 좋아해요.

他在音乐方面一定会大出风头的。

그는 음악 방면에서 틀림없이 다른 사람들의 주목을 받을 거예요.

[4-2]
装蒜
시치미를 떼다

听听惯用语 들어보기

别跟我**装蒜**，你明明知道我在说什么。

제게 시치미 떼지 마세요. 당신은 분명 제가 무슨 말을 하고 있는지 알고 있잖아요.

学生词 단어 익히기

☑ 记得	jide	(동) 기억하고 있다, 잊지 않고 있다
☑ 别	bié	(부사) …하지 마라
☑ 明白	míngbai	(동) 알다, 이해하다
☑ 意思	yìsi	(명) 의미, 뜻
☑ 明明	míngmíng	(부사) 분명히, 명백히

예

☑ **记得**明天有聚餐	내일 회식이 있다는 것을 기억하고 있어요.
☑ **别**骗我	저를 속이지 말아요.
☑ **明白**老师的**意思**	선생님의 뜻을 알겠어요.
☑ 你**明明**知道我喜欢你	당신은 분명 제가 당신을 좋아한다는 것을 알고 있어요.

情景惯用语 상황 속 관용어

대화1

A: 我不记得这件事了。

Wǒ bú jìde zhè jiàn shì le.

저는 이 일이 기억나지 않아요.

B: 你真的忘了吗？别装蒜了。

Nǐ zhēn de wàng le ma ? Bié zhuāngsuàn le.

당신 정말로 잊었나요? 시치미 떼지 말아요.

대화2

A: 我真的不明白你的意思。

Wǒ zhēn de bù míngbai nǐ de yìsi.

저는 당신의 뜻을 정말 이해하지 못하겠어요.

B: 别跟我装蒜，你明明知道我在说什么。

Bié gēn wǒ zhuāngsuàn , nǐ míngmíng zhīdao wǒ zài shuō shénme.

제게 시치미 떼지 마세요. 당신은 분명 제가 무슨 말을 하고 있는지 알고 있잖아요.

活用惯用语 활용하기

你不要再装蒜了，别想骗我。

당신 더는 시치미 떼며 저를 속일 생각 하지 마세요.

不要再装蒜了，这件事你早就知道了吧。

더는 시치미 떼지 마세요. 당신은 진작부터 이 일을 알고 있었잖아요.

[4-3]
帮倒忙
도우려다 오히려 방해되다

听听惯用语 들어보기

我自己做就行了，他只会**帮倒忙**。

저 혼자 하면 돼요, 그가 도우려다 오히려 방해만 될 거예요.

学生词 단어 익히기

让	ràng	(동) …하게 하다, …하도록 시키다
帮	bāng	(동) 돕다, 거들다
自己	zìjǐ	(대명사) 자기, 자신, 스스로
容易	róngyì	(형) 쉽다, 용이하다
反而	fǎn'ér	(부사) 반대로, 오히려

예

让姐姐**帮**你化妆	언니를 시켜서 당신 화장을 도와주게 할게요.
自己去看电影	혼자 영화를 보러 가요.
没有**容易**的事情	수월한 일은 없네요.
他的病没好, **反而**更厉害了	그의 병이 낫지도 않았는데, 오히려 더 심해졌어요.

情景惯用语 상황 속 관용어

대화1

A: 我让小王来帮你吧。

Wǒ ràng Xiǎowáng lái bāng nǐ ba.

제가 샤오왕에게 당신을 돕게 할게요.

B: 我自己做就行了，他只会帮倒忙。

Wǒ zìjǐ zuò jiù xíng le，tā zhǐhuì bāngdàománg.

저 혼자 하면 돼요, 그가 도우려다 오히려 방해만 될 거예요.

대화2

A: 这件事不容易啊。

Zhè jiàn shì bù róngyì a.

이 일은 쉽지 않네요.

B: 我知道，这件事做不好反而会帮倒忙。

Wǒ zhīdao，zhè jiàn shì zuò bù hǎo fǎn'ér huì bāngdàománg.

저도 알고 있어요. 이 일을 제대로 하지 못하면 오히려 방해만 될 거예요.

活用惯用语 활용하기

你别再帮倒忙了！

더 이상 저를 방해하지 마세요!

你想想怎么做才不会帮倒忙。

어떻게 하면 방해가 되지 않을지 좀 생각해보세요.

[4-4]

重点整理与练习题

핵심정리 및 연습문제

重点整理 핵심정리

- 出风头 chūfēngtou 자기를 내세우다
- 装蒜 zhuāngsuàn 시치미를 떼다
- 帮倒忙 bāngdàománg 도우려다 오히려 방해되다

HSK练习题 HSK 연습문제

1. A：小王总是喜欢做一些奇怪的事情。
B：大家都知道他爱出风头。

问：B的语气怎么样?

1. 同情
2. 讽刺
3. 赞美

2. A: 我不知道你在说什么。
B: 你不要再装蒜了，别想骗我。

问：根据上面的对话，下面哪句话是错误的？

1. B不太高兴
2. A装作不知道
3. B骗了A

3. A: 我让小王来帮你吧。
B: 他只会帮倒忙，不如不让他知道这件事。

问：B是什么意思？
1. 不要告诉小王这件事
2. 小王会来帮忙
3. 希望小王来帮忙

10주차

评价人物

인물평가

[4-1]

旱鸭子

맥주병

听听惯用语 들어보기

你不知道我是**旱鸭子**吗？

당신은 제가 맥주병이라는 거 몰랐나요?

学生词 단어 익히기

一起	yìqǐ	(부) 같이, 함께
游泳	yóuyǒng	(동) 수영하다, 헤엄치다
没想到	méi xiǎng dào	생각지 못하다, 뜻밖에도
所以	suǒyǐ	(접속사) 그래서, 그러므로
最近	zuìjìn	(명) 최근, 요즈음

예

一起去吃饭	같이 밥 먹으러 갑시다.
我不会**游泳**	저는 수영을 할 줄 몰라요.
没想到他已经结婚了	그가 이미 결혼했을 거라고는 생각지도 못했어요.
他**最近**太忙，**所以**不能来	그는 요즘 매우 바빠서 올 수가 없어요.

情景惯用语 상황 속 관용어

대화1

A: 明天我们一起去游泳怎么样?

Míngtiān wǒmen yìqǐ qù yóuyǒng zěnmeyàng?

우리 내일 같이 수영하러 가는 거 어때요?

B: 你不知道我是旱鸭子吗？

Nǐ bù zhīdao wǒ shì hànyāzi ma？

당신은 제가 맥주병이라는 거 몰랐나요?

대화2

A: 没想到很多人都是旱鸭子。

Méi xiǎng dào hěn duō rén dōu shì hànyāzi.

그렇게 많은 사람이 맥주병일 줄은 몰랐어요.

B: 所以最近很多父母都让孩子从小就学游泳。

Suǒyǐ zuìjìn hěnduō fùmǔ dōu ràng háizi cóng xiǎo jiù xué yóuyǒng.

그래서 요즘은 많은 부모가 자녀들에게 어렸을 때부터 수영을 배우게 해요.

活用惯用语 활용하기

他是旱鸭子，不会游泳。

그는 맥주병이라서 수영을 할 줄 몰라요.

他是旱鸭子，对他来说游泳是噩梦。

그는 맥주병이라 그에게는 수영이 악몽이에요.

[4-2]
门外汉
문외한

听听惯用语 들어보기

你太客气了，我只是个**门外汉**。

별말씀을 다 하시네요. 저는 문외한에 불과합니다.

学生词 단어 익히기

电脑	diànnǎo	(명) 컴퓨터
方面	fāngmiàn	(명) 방면, 분야, 영역
经过	jīngguò	(동) (활동·사건을) 경험하다, 거치다, 겪다.
变	biàn	(동) 변화하다, 이전과 다르다
专家	zhuānjiā	(명) 전문가

예

- 我昨天买了一台**电脑** — 저는 어제 컴퓨터 한 대를 샀어요.
- 在学习英语**方面**他很厉害 — 영어를 배우는 데 있어서 그는 매우 뛰어나요.
- **经过**多年的努力，他**变**成**专家**了。 — 다년간의 노력을 통해 그는 전문가가 되었어요.

情景惯用语 상황 속 관용어

대화1

A: 在电脑方面你懂得真多。

Zài diànnǎo fāngmiàn nǐ dǒng de zhēn duō.

컴퓨터에 대해서는 당신이 아는 것이 정말 많군요.

B: 你太客气了，我只是个门外汉。

Nǐ tài kèqì le，wǒ zhǐshì ge ménwàihàn.

별말씀을 다 하시네요. 저는 문외한에 불과합니다.

대화2

A: 没想到小李现在这么厉害！

Méi xiǎng dào Xiǎolǐ xiànzài zhème lìhai!

샤오리가 지금 이렇게 대단해질 줄은 생각지도 못했어요.

B: 经过多年的学习，他已经从门外汉变成专家了。

Jīngguò duōnián de xuéxí，tā yǐjīng cóng ménwàihàn biàn chéng zhuānjiā le.

다년간의 학습을 통해, 그는 이미 문외한에서 전문가가 되었어요.

活用惯用语 활용하기

说到投资，他只是个门外汉。

투자로 말하자면, 그는 문외한에 불과합니다.

很抱歉，这方面我只是个门外汉。

정말 죄송합니다. 이 방면에서 저는 문외한에 불과합니다.

[4-3]
小心眼儿
마음이 좁다, 옹졸하다

听听惯用语 들어보기

不会吧！ 他不是那种**小心眼儿**的人。

그럴 리가요! 그는 속이 좁은 사람이 아니에요.

学生词 단어 익히기

还	hái	(부) 여전히, 아직도
上次	shàngcì	(명) 지난번, 저번
付钱	fùqián	(동) 돈을 지불하다
顿	dùn	(양) 끼
而已	éryǐ	(조사) …뿐이다

예

他**还**在加班	그는 아직도 야근하고 있어요.
我们**上次**见面是什么时候？	우리가 지난번에 만났을 때가 언제인가요?
这**顿**饭我**付钱**	이번 식사는 제가 살게요.
我只是开玩笑**而已**	저는 그저 농담했을 뿐이에요.

情景惯用语 상황 속 관용어

대화1

A: 他是不是还在生我的气?

Tā shì bú shì hái zài shēng wǒ de qì?

그가 아직도 저에게 화가 나 있나요?

B: 不会吧！他不是那种小心眼儿的人。

Bú huì ba ! Tā bú shì nà zhǒng xiǎoxīnyǎnr de rén.

그럴 리가요! 그는 속이 좁은 사람이 아니에요.

대화2

A: 我还记得他上次吃饭没付钱。

Wǒ hái jìde tā shàngcì chīfàn méi fùqián.

그가 지난번 밥을 먹고 돈을 내지 않은 것을 저는 아직도 기억해요.

B: 才一顿饭而已，你真是小心眼儿。

Cái yí dùn fàn éryǐ , nǐ zhēnshì xiǎoxīnyǎnr.

겨우 밥 한 끼뿐인데 당신은 정말로 옹졸하네요.

活用惯用语 활용하기

你也太小心眼儿了，还在为了小事生气。

아직도 사소한 일 때문에 화를 내고 있다니, 당신도 속이 굉장히 좁네요.

我跟那些小心眼儿的人合不来。

저는 그렇게 속이 좁은 사람들하고는 잘 안 맞아요.

[4-4]

重点整理与练习题

핵심정리 및 연습문제

重点整理 핵심정리

- 旱鸭子 hànyāzi 맥주병
- 门外汉 ménwàihàn 문외한
- 小心眼儿 xiǎoxīnyǎnr 마음이 좁다, 옹졸하다

HSK练习题 HSK 연습문제

1. A：明天我们一起去游泳怎么样？
B：我是旱鸭子，你不知道吗

问：根据上面的对话，下面哪句话是正确的？

1. A觉得B不会游泳
2. B不会游泳
3. A不知道B会游泳

2. A:在投资方面你懂得真多。
B:你太客气了，我只是个门外汉。

问：根据上面的对话，下面哪句话是错误的？

1. B在投资方面什么都不懂
2. B只是谦虚而已
3. A在赞美B

3. A:你还在生我的气吗?
B:你真的觉得我是那种小心眼儿的人吗？

问：B说话的语气怎么样？

1. 满意
2. 得意
3. 不高兴

11주차

说明境遇

상황설명

[4-1]
吃香
환영을 받다, 인기가 있다

听听惯用语 들어보기

他的外语能力很强，所以找工作的时候非常**吃香**。

그의 외국어 실력이 뛰어나서 일자리를 구할 때 많은 환영을 받았어요.

学生词 단어 익히기

✔ 经济	jīngjì	(명) 경제
✔ 发展	fāzhǎn	(동) 발전하다
✔ 人才	réncái	(명) 인재
✔ 毕业	bìyè	(동) 졸업하다
✔ 能力	nénglì	(명) 능력, 역량

예

✔ **经济 发展**得很好	경제가 잘 발전되었네요.
✔ 他真是个**人才**	그는 진정한 인재이군요.
✔ 我今年**毕业**	저는 올해 졸업을 해요.
✔ 小李很有**能力**	샤오리는 굉장히 유능해요.

情景惯用语 상황 속 관용어

대화1

A: 这几年中国经济发展得越来越好了。

Zhè jǐ nián Zhōngguó jīngjì fāzhǎn de yuè lái yuè hǎo le.

요 몇 년 동안 중국의 경제는 더욱더 발전했어요.

B: 所以会说汉语的人才也越来越吃香了。

Suǒyǐ huì shuō Hànyǔ de réncái yě yuè lái yuè chīxiāng le.

그래서 중국어를 할 줄 아는 인재들도 갈수록 환영을 받고 있네요.

대화2

A: 小李一毕业就找到工作了。

Xiǎolǐ yí bìyè jiù zhǎo dào gōngzuò le.

샤오리는 졸업을 하자마자 바로 취직을 했네요.

B: 他的外语能力很强，所以找工作的时候非常吃香。

Tā de wàiyǔ nénglì hěn qiáng , suǒyǐ zhǎo gōngzuò de shíhou fēicháng chīxiāng.

그의 외국어 실력이 뛰어나서 일자리를 구할 때 많은 환영을 받았어요.

活用惯用语 활용하기

有能力的人到哪儿都吃香。

유능한 사람은 어디를 가든 환영을 받아요.

医生是最吃香的职业。

의사는 가장 인기 있는 직업입니다.

[4-2]

炒鱿鱼

해고하다

听听惯用语 들어보기

他刚被公司**炒鱿鱼**。

그는 막 회사에서 해고를 당했어요.

学生词 단어 익히기

- 闷闷不乐 mènmèn bú lè 시무룩하다, 의기소침하다
- 被 bèi …에게 …를 당하다
- 做事 zuòshì (동) 일을 하다
- 认真 rènzhēn (형) 진지하다, 착실하다
- 哪儿 nǎr (대명사) 어디, 어느 곳

예

- 他最近总是**闷闷不乐**的 그는 요즘 늘 시무룩해 있어요.
- 蛋糕**被**我吃完了 케이크를 제가 다 먹었어요.
- 他**做事**很**认真** 그는 일을 매우 열심히 해요.
- 你要去**哪儿**? 당신은 어디를 가나요?

情景惯用语 상황 속 관용어

대화1

A: 小李最近怎么闷闷不乐的?

Xiǎolǐ zuìjìn zěnme mènmèn bú lè de?

샤오리는 요즘 왜 이렇게 시무룩한가요?

B: 他刚被公司炒鱿鱼。

Tā gāng bèi gōngsī chǎoyóuyú.

그는 막 회사에서 해고를 당했어요.

대화2

A: 小王怎么又没工作了?

Xiǎowáng zěnme yòu méi gōngzuò le?

샤오왕은 왜 또 일자리가 없어졌나요?

B: 他做事不认真，到哪儿都会被炒鱿鱼的。

Tā zuòshì bú rènzhēn , dào nǎr dōu huì bèi chǎoyóuyú de.

그는 불성실하게 일을 해서 어딜 가든 해고를 당할 거예요.

活用惯用语 활용하기

他被老板炒鱿鱼了。

그는 사장에게 해고를 당했어요.

我梦见被炒鱿鱼了。

저는 꿈속에서 해고를 당했어요.

[4-3]
伤脑筋
골치를 앓다

听听惯用语 들어보기

好了，别再吵了，你们真让人**伤脑筋**。

됐어, 그만 좀 떠들어. 너희들 정말 골치 아프게 하는구나.

学生词 단어 익히기

✓ 抢	qiǎng	(동) 빼앗다, 탈취하다
✓ 玩具	wánjù	(명) 장난감, 완구
✓ 吵	chǎo	(동) 말다툼하다, 입씨름하다
✓ 令	lìng	(동) …하게 하다
✓ 问题	wèntí	(명) (해결해야 할) 문제

예

✓ 不可以**抢**别人的**玩具**	남의 장난감을 뺏어가면 안 돼요.
✓ 别再**吵**了！	그만 좀 떠들어요!
✓ **令**人伤脑筋的**问题**	골치 아픈 문제

情景惯用语 상황 속 관용어

대화1

A: 妈，哥哥又抢我的玩具了。

Mā , gēge yòu qiǎng wǒ de wánjù le.

엄마, 형이 또 제 장난감을 빼어갔어요.

B: 好了，别再吵了，你们真让人伤脑筋。

Hǎo le , bié zài chǎo le , nǐmen zhēn ràng rén shāngnǎojīn.

됐어, 그만 좀 떠들어. 너희들 정말 골치 아프게 하는구나.

대화2

A: 这个项目看起来不太难。

Zhè ge xiàngmù kàn qǐ lái bú tài nán.

이 프로젝트는 보기엔 그리 어려워 보이지 않네요.

B: 但其实有很多令人伤脑筋的问题。

Dàn qíshí yǒu hěn duō lìng rén shāngnǎojīn de wèntí.

하지만 사실 골치 아프게 하는 문제가 꽤 있어요.

活用惯用语 활용하기

他小时候让老师很伤脑筋。

그는 어렸을 때 선생님을 몹시 골치 아프게 했어요.

我不想再为这些事情伤脑筋了。

나는 더는 이 일 때문에 골치 아파지고 싶지 않아요.

[4-4]

重点整理与练习题

핵심정리 및 연습문제

重点整理 핵심정리

- ☑ 吃香 chīxiāng 환영을 받다, 인기가 있다
- ☑ 炒鱿鱼 chǎoyóuyú 해고하다
- ☑ 伤脑筋 shāngnǎojīn 골치를 앓다

HSK练习题 HSK 연습문제

1.

A：小李一毕业就找到工作了。

B：有能力的人到哪儿都吃香！

问：根据上面的对话，下面哪句话是错误的？

1. B在称赞小李
2. 小李的能力不太好
3. 小李是个有能力的人

2.

A: 小王又没工作了。
B: 他到哪儿都会被炒鱿鱼的。

问：根据上面的对话，下面哪句话是合适的？

1. 小王可能做事不认真
2. B觉得小王能力很好
3. 这是小王的第一份工作

3.

A: 这个工作项目怎么样？
B: 有很多令人伤脑筋的问题。

问：B的语气怎么样？

1. 高兴
2. 期待
3. 担心

12주차

比喻型惯用语

비유형 관용어

[4-1]
开夜车
밤을 새워 공부하다(일하다)

听听惯用语 들어보기

可能他昨天又**开夜车**学习了。

아마도 어제 또 밤을 새워 공부했을 거예요.

学生词 단어 익히기

☑ 累	lèi	(형) 지치다, 피곤하다
☑ 可能	kěnéng	(부) 아마도, 어쩌면
☑ 睡觉	shuìjiào	(동) (잠을) 자다
☑ 健康	jiànkāng	(명) 건강
☑ 从来	cónglái	(부) (과거부터) 지금까지, 여태껏

예

☑ 今天工作太**累**了	오늘 일이 너무 힘들었어요.
☑ 他**可能**正在**睡觉**	그는 아마도 잠을 자고 있을 것 같아요.
☑ 运动对**健康**有益	운동은 건강에 도움이 돼요.
☑ 有些人**从来**不运动	어떤 사람들은 지금까지 운동해본 적이 없어요.

情景惯用语 상황 속 관용어

대화1

A: 小王今天看起来特别累。

Xiǎowáng jīntiān kànqilai tèbié lèi.

샤오왕이 오늘 굉장히 피곤해 보이네요.

B: 可能他昨天又开夜车学习了 。

Kěnéng tā zuótiān yòu kāiyèchē xuéxí le.

아마도 어제 또 밤을 새워 공부했을 거에요.

대화2

A: 太晚睡觉对健康不好。

Tài wǎn shuìjiào duì jiànkāng bù hǎo.

너무 늦게 자면 건강에 좋지 않아요.

B: 所以我从来不开夜车的。

Suǒyǐ wǒ cónglái bù kāiyèchē de.

그래서 저는 아직 밤을 새워 본 적이 없네요.

活用惯用语 활용하기

你平时不好好儿学习，快考试了才开夜车。

당신은 평소에 열심히 하지 않더니, 시험이 가까워지니 밤을 새워서 공부하네요.

为了完成工作，我不得不开夜车。

일을 끝내기 위해, 저는 어쩔 수 없이 밤을 새워야 해요.

[4-2]

拿手菜

가장 자신 있는 요리

听听惯用语 들어보기

他们家的**拿手菜**是东坡肉，我们可以尝尝。

그 음식점의 대표 요리는 동파육인데, 우리 한번 먹어봐요.

学生词 단어 익히기

✓ 做菜	zuòcài	(동) 요리를 하다
✓ 当然	dāngrán	(부) 당연히, 물론
✓ 饭馆	fànguǎn	(명) 식당, 음식점
✓ 有名	yǒumíng	(형) 유명하다, 명성이 높다
✓ 尝	cháng	(동) 맛보다

예

✓ 我不太会**做菜**	저는 요리를 할 줄 몰라요.
✓ 我**当然**会开车	당연히 운전할 줄 압니다.
✓ 外大正门的**饭馆**很**有名**	외대 정문에 있는 음식점은 매우 유명해요.
✓ **尝**尝这道菜吧！	이 음식 좀 맛보세요.

情景惯用语 상황 속 관용어

대화1

A: 你会做菜吗?

Nǐ huì zuòcài ma?

당신은 요리할 줄 아세요?

B: 当然，我有很多拿手菜。

Dāngrán , wǒ yǒu hěn duō náshǒucài.

물론이죠, 저는 잘하는 요리가 아주 많아요.

대화2

A: 那家饭馆很有名。

Nà jiā fànguǎn hěn yǒumíng.

그 음식점은 굉장히 유명해요.

B: 他们家的拿手菜是东坡肉，我们可以尝尝。

Tāmen jiā de náshǒucài shì dōngpōròu , wǒmen kěyǐ cháng chang.

그 음식점의 대표 요리는 동파육인데, 우리 한번 먹어봐요.

活用惯用语 활용하기

我的拿手菜是泡菜汤。

제가 가장 잘하는 요리는 김치찌개입니다.

您可以点厨师的拿手菜。

당신은 쉐프의 특별 요리를 주문할 수 있어요.

[4-3]
吹牛
허풍을 떨다

听听惯用语 들어보기

他是个**吹牛**大王，你别相信他。

그는 허풍쟁이잖아요. 당신은 그 사람을 믿지 마세요.

学生词 단어 익히기

☑ 房地产	fángdìchǎn	(명) 부동산
☑ 肯定	kěndìng	(부) 확실히, 틀림없이
☑ 赚钱	zhuànqián	(동) 돈을 벌다
☑ 相信	xiāngxìn	(동) 믿다, 신뢰하다
☑ 好像	hǎoxiàng	(부) 마치 …과 같다

예

☑ 投资**房地产**	부동산에 투자해요.
☑ **相信**他**肯定**会成功	그는 반드시 성공할 것이라고 믿어요.
☑ 为了孩子得努力**赚钱**	아이를 위해 열심히 돈을 벌어야 해요.
☑ 我**好像**在哪儿见过你	저는 어디서 당신을 본 적이 있는 것 같네요.

情景惯用语 상황 속 관용어

대화1

A: 小王说下个月投资房地产肯定赚钱。

Xiǎowáng shuō xià ge yuè tóuzī fángdìchǎn kěndìng zhuànqián.

샤오왕이 다음 달 부동산에 투자하면 틀림없이 돈을 번다고 말했어요.

B: 他是个吹牛大王，你别相信他。

Tā shì ge chuīniú dàwáng , nǐ bié xiāngxìn tā.

그는 허풍쟁이잖아요. 당신은 그 사람을 믿지 마세요.

대화2

A: 小王好像懂得很多。

Xiǎowáng hǎoxiàng dǒng de hěn duō.

샤오왕은 많은 것을 알고 있는 것 같네요.

B: 他只会吹牛而已。

Tā zhǐhuì chuīniú éryǐ.

그는 허풍을 떨 줄만 알아요.

活用惯用语 활용하기

小王爱吹牛，大家都不相信他说的话。

샤오왕은 허풍 떠는 것을 좋아해서 모두 그가 하는 말을 믿지 않아요.

我不想再听你吹牛了。

저는 당신의 허풍을 더는 듣고 싶지 않네요.

[4-4]

重点整理与练习题

핵심정리 및 연습문제

重点整理 핵심정리

- ☑ 开夜车 kāiyèchē 밤을 새워 공부하다 (일하다)
- ☑ 拿手菜 náshǒucài 가장 자신 있는 요리
- ☑ 吹牛 chuīniú 허풍을 떨다

HSK练习题 HSK 연습문제

1. A：你看起来好像很累。
B：昨天晚上我开夜车工作了。

问：根据上面的对话，下面哪句话是错误的？

1. B看起来没精神
2. A昨天很晚睡觉
3. B熬夜工作

2. A：听说这家饭馆很有名。

B：所以我带你来这儿嘛，我们可以点厨师的拿手菜

问：根据上面的对话，下面哪句话是对的？

1. 厨师的拿手菜很好吃
2. 他们还没到饭馆
3. 这家饭馆的菜不好吃

3. A：现在投资房地产肯定赚钱。

B：我不想再听你吹牛了。

问：B的语气怎么样？

1. 满意
2. 期待
3. 怀疑

13주차

成语和俗语

성어와 속담

[4-1]

半斤八两

피차일반, 도토리 키재기이다

听听惯用语 들어보기

你们是**半斤八两**，都得加油。

너희는 비슷비슷해서 더 노력해야 해.

学生词 단어 익히기

迟	chí	(형) 늦다, 지각하다
交	jiāo	(동) 건네다, 제출하다
作业	zuòyè	(명) 숙제, 과제
差不多	chàbuduō	(형) 비슷하다, 큰 차이가 없다
声调	shēngdiào	(명) 성조

예

他又**迟 交 作业**了	그는 숙제를 또 늦게 제출했어요.
我和弟弟**差不多**高	저와 동생은 키가 거의 비슷해요.
声调很重要	성조는 매우 중요합니다.

情景惯用语 상황 속 관용어

대화1

A: 小王今天又迟交作业了。

Xiǎowáng jīntiān yòu chí jiāo zuòyè le.

샤오왕이 오늘 숙제를 또 늦게 제출했어요.

B: 你还说他，你们是半斤八两，都差不多。

Nǐ hái shuō tā , nǐmen shì bànjīn bāliǎng , dōu chàbuduō.

네가 걔를 언급하다니, 너희는 도토리 키재기야. 둘 다 비슷해.

대화2

A: 小金的汉语声调不太好。

Xiǎojīn de Hànyǔ shēngdiào bú tài hǎo.

샤오진의 중국어 성조는 그리 좋지 않아요.

B: 你们是半斤八两，都得加油。

Nǐmen shì bànjīn bāliǎng , dōu děi jiāyóu.

너희는 비슷비슷해서 더 노력해야 해.

活用惯用语 활용하기

这两个球队半斤八两，都很少赢球。

이 두 팀은 비슷비슷해서 이긴 적이 거의 없어요.

他们两个成绩都不好，真是半斤八两。

그들의 성적은 모두 좋지 않아요. 정말 도토리 키재기네요.

[4-2]
丢三落四
이것저것 빠뜨리다(잊어버리다)

听听惯用语 들어보기

他做事不认真，总是**丢三落四**。

그는 불성실하게 일을 해서 늘 이것저것 잘 잊어버려요.

学生词 단어 익히기

- ☑ 缺点 quēdiǎn (명) 결점, 단점
- ☑ 认真 rènzhēn (형) 진지하다, 착실하다
- ☑ 钱包 qiánbāo (명) 지갑
- ☑ 改 gǎi (동) 고치다, 바꾸다
- ☑ 习惯 xíguàn (명) 버릇, 습관

예

- ☑ 他没有**缺点** 그는 단점이 없어요.
- ☑ 他工作很**认真** 그는 일을 매우 성실하게 해요.
- ☑ 这个**钱包**很漂亮 이 지갑은 정말 예쁘네요.
- ☑ **习惯**很难**改** 습관은 고치기 어려워요.

情景惯用语 상황 속 관용어

대화1

A: 小王有什么缺点?

Xiǎowáng yǒu shénme quēdiǎn?

샤오왕은 어떤 단점이 있나요?

B: 他做事不认真，总是丢三落四。

Tā zuò shì bú rènzhēn，zǒngshì diū sān là sì.

그는 불성실하게 일을 해서 늘 이것저것 잘 잊어버려요.

대화2

A: 我忘了带钱包出门。

Wǒ wàng le dài qiánbāo chūmén.

제가 돈을 가지고 나오는 것을 깜박했네요.

B: 你得改改这丢三落四的习惯。

Nǐ děi gǎi gai zhè diū sān là sì de xíguàn.

당신은 잘 잊어버리는 습관을 좀 고쳐야 해요.

活用惯用语 활용하기

你怎么老是丢三落四的?

당신은 왜 자꾸 이것저것 잘 빠뜨리나요?

他年纪大了，常常丢三落四的。

그는 나이가 들어서 항상 잘 잊어버려요.

[4-3]

马马虎虎

대강(대충)하다, 건성으로 하다

听听惯用语 듣어보기

他不太认真，做什么都**马马虎虎**的。

그는 그리 성실하지 않아요. 무엇을 하든 대충대충 해요.

学生词 단어 익히기

经理	jīnglǐ	(명) 사장
写	xiě	(동) 쓰다
业绩	yèjì	(명) 업적
报告	bàogào	(명) 보고서, 리포트
员工	yuángōng	(명) 직원, 종업원

예

他是我们公司的**经理**	그는 우리 회사의 사장입니다.
写作业	숙제를 해요.
工作**业绩 报告**	업무보고서
我们公司的**员工**不多	우리 회사의 직원은 많지 않아요.

情景惯用语 상황 속 관용어

대화1

A: 经理，小李写的业绩报告好像有问题。

Jīnglǐ , Xiǎolǐ xiě de yèjì bàogào hǎoxiàng yǒu wèntí

사장님, 샤오리가 쓴 업무 보고서에 문제가 있는 것 같습니다.

B: 你让他好好儿做事，不要马马虎虎的。

Nǐ ràng tā hǎohaor zuò shì , bú yào mǎ mǎ hū hū de.

네가 걔한테 일을 잘 처리하라고 해. 건성으로 해서는 안 돼.

대화2

A: 新来的员工怎么样？

Xīn lái de yuángōng zěnmeyang?

새로 온 직원은 어때요?

B: 他不太认真，做什么都马马虎虎的。

Tā bú tài rènzhēn , zuò shénme dōu mǎ mǎ hū hū de.

그는 그리 성실하지 않아요. 무엇을 하든 대충대충 해요.

活用惯用语 활용하기

他做事总是马马虎虎的。

그는 일할 때 항상 건성으로 해요.

他学什么都马马虎虎的。

그는 무엇을 배우든 대충대충 해요.

[4-4]
重点整理与练习题
핵심정리 및 연습문제

重点整理 핵심정리

- 半斤八两 bànjīn bāliǎng 피차일반, 도토리 키재기이다
- 丢三落四 diū sān là sì 이것저것 빠뜨리다(잊어버리다)
- 马马虎虎 mǎ mǎ hū hū 대강(대충)하다, 건성으로 하다

HSK练习题 HSK 연습문제

1. A：小王的期末考考得不太好。
B：你们是半斤八两，都得加油。

问：根据上面的对话，下面哪句话是正确的？

1. B在称赞小王
2. A考试考得不错
3. A和小王的成绩差不多

2. A：我忘了带护照出门。

B：又来了，你怎么总是丢三落四的。

问：B的语气怎么样？

1. 同情
2. 不满
3. 期待

3. A：你为什么不喜欢小王？

B：他的缺点是做事马马虎虎。

问：根据上面的对话，下面哪句话是错误的？

1. 小王做事不太认真
2. B觉得小王应该好好儿做事
3. B觉得小王很不错

연습문제

정답과 해석

연습문제

정답과 해석

1주차 동의와 부정

1.

A: 그는 당신의 오빠입니까?
B: 맞아요, 우리 많이 닮았죠?

질문 : 위의 대화에 근거해서, 다음 중 틀린 것은 무엇인가?

1. B는 오빠가 없다.
2. B는 오빠가 있다.
3. B와 오빠는 매우 닮았다.

정답 : 1

2.

A: 엄마, 저 오늘 공부 안 해도 돼요?
B: 꿈 깨!

질문 : B의 말 뜻은 무엇인가?

1. A는 생각이 너무 많다.
2. A는 반드시 공부해야 한다.
3. A는 공부하지 않아도 상관없다.

정답 : 2

3. A: 나 너한테 돈 좀 빌리고 싶은데.
B: 이 일은 문제없어.

질문 : B의 말 뜻은 무엇인가?

1. B는 돈이 없다.
2. A에게 돈을 빌려주는 것을 동의한다.
3. A는 돈이 매우 많다.

정답 : 2

2주차 결정과 충고

1. A: 제 여권이 없어졌어요!
B: 다시 한번 찾아봐요. 조급해하지 말고.

질문: 위의 대화에 근거해서, 다음 중 틀린 것은 무엇인가?

1. B는 A에게 다시 찾아보라고 했다.
2. A는 여권을 찾을 수가 없다.
3. B는 여권을 찾을 수가 없다.

정답 : 3

2. A: 올해 시험을 잘 못 봤어요.
B: 괜찮아요. 내년에 다시 보면 되죠.

질문: B의 어투는 어떠한가?

1. 화남
2. 위로
3. 슬픔

정답 : 2

3.

A: 딸아이가 또 밥을 안 먹네요.
B: 먹기 싫다면 그냥 둬요. 강요할 필요 없어요.

질문 : B의 말 뜻은 무엇인가?

1. 딸이 반드시 밥을 먹어야 한다.
2. 딸이 밥을 안 먹어도 괜찮다.
3. 딸이 스스로 밥을 먹을 수 있다.

정답 : 2

3주차 불만과 원망

1.

A: 당신 이렇게 늦게야 오다니, 정말 말도 안 되네요.
B: 미안해요. 다음번은 없을 거예요.

질문: 위의 대화에 근거해서, 다음 중 틀린 것은 무엇인가?

1. A가 지각했다.
2. B가 지각했다.
3. A는 언짢다.

정답 : 1

2.

A: 어제 당신은 왜 선생님을 찾아갔나요?
B: 선생님이 전화를 받지 않아서, 제가 할 수 없이 찾아갔어요.

질문: B의 말 뜻은 무엇인가?

1. 그는 선생님과 약속을 하고 만나러 갔다.
2. 그는 원래 선생님을 찾아갈 계획이 없었다.
3. 그는 A와 함께 선생님을 찾아갔다.

정답 : 2

3. A: 마지막 단원은 시험을 안 봐요.
B: 왜 진작 말하지 않았나요! 제가 거의 다 복습을 했는데.

질문 : B의 어투는 어떠한가?

1. 불만
2. 슬픔
3. 감사

정답 : 1

4주차 형용사성 관용어

1. A: 샤오리의 남자 친구는 어떻게 생겼어요?
B: 그런대로 괜찮아요.

질문: 대화에 근거해서, 다음 중 가장 적합한 문장은 무엇인가?

1. 샤오리의 남자 친구는 못생겼다.
2. 샤오리의 남자 친구는 굉장히 잘생겼다.
3. 샤오리의 남자 친구는 못생기지 않았다.

정답 : 3

2. A: 당신은 요리를 할 줄 알아요?
B: 할 줄 알지만, 별로 잘 하지 못해요.

질문: B가 한 말의 뜻은 무엇인가?

1. 요리를 매우 잘한다.
2. 요리를 잘 하지 못한다.
3. 자주 요리를 한다.

정답 : 2

3. A: 샤오리는 대학을 3년 만에 졸업했어요.
B: 그는 어떻게 해낸 건가요? 정말 대단하네요!

질문 : B의 어투는 어떠한가?

1. 화남
2. 부러움
3. 미워함

정답 : 2

5주차 동사성 관용어

1. A:너는 샤오왕과 다시는 교제하면 안 돼.
B: 사실 그는 꽤 괜찮아요.

질문: 위의 대화에 근거해서, 다음 중 옳은 것은 무엇인가?

1. A는 샤오왕을 좋아한다.
2. B는 샤오왕을 좋아한다.
3. A는 샤오왕과 친구가 되고 싶어 한다.

정답 : 2

2. A: 엄마, 제가 내일 떠나는데 영국에 도착하면 전화드릴게요.
B: 네가 간다니 헤어지기 아쉽구나.

질문: B의 어투는 어떠한가?

1. 기쁨
2. 부러움
3. 슬픔

정답 : 3

3. A: 너는 왜 샤오왕을 좋아하지 않니?
B: 그가 매번 지각하는 꼴을 못 봐주겠어.

질문 : B의 말 뜻은 무엇인가?

1. 샤오왕은 언제나 일찍 도착한다.
2. 샤오왕은 종종 늦게 도착한다.
3. 샤오왕은 B를 좋아하지 않는다.

정답 : 2

6주차 시간

1. A: 이렇게 늦었는데, 당신 왜 아직도 밖이에요?
B: 미안해요, 화내지 마요. 지금 바로 집으로 갈게요.

질문: 위의 대화에 근거해서, 다음 중 틀린 것은 무엇인가?

1. A는 기쁘지 않다.
2. B는 오늘 집에 가지 않는다.
3. B는 지금 매우 긴장을 했을 것이다.

정답 : 2

2. A: 너는 매일 시간을 내서 공부를 해야 해.
B: 나도 그러고 싶은데, 너무 바빠.

질문: B의 어투는 어떠한가?

1. 어찌해 볼 도리가 없다
2. 실망하다
3. 부러워하다

정답 : 1

3.

> A: 시간이 정말 빠르다.
> B: 그러게, 눈 깜짝할 사이에 한 학기가 이렇게 지나갔네.

질문 : 위의 대화에 근거해서, 다음 중 옳은 것은 무엇인가?

1. B는 A의 의견에 동의하지 않는다.
2. B는 이번 학기가 매우 느리게 간다고 생각한다.
3. A와 B는 시간이 빨리 간다고 느낀다.

정답 : 3

7주차 칭찬과 겸양

1.

> A: 라오왕은 어렸을 때 굉장히 똑똑했어.
> B: 근데 크고 나서는 보통 사람들과 별반 다를 게 없어.

질문: 위의 대화에 근거해서, 다음 중 옳은 것은 무엇인가?

1. 라오왕은 지금 매우 똑똑하다.
2. 라오왕은 지금 보통 사람들과 똑같다.
3. 라오왕은 이전에 그다지 똑똑하지 않았다.

정답 : 2

2.

> A: 이번 경기는 정말 훌륭해!
> B: 맞아, 샤오리 혼자서 수많은 종목을 이겼어, 정말 대단해!

질문: B의 어투는 어떠한가?

1. 싫어하다
2. 질투하다
3. 경탄하다

정답 : 3

3. A: 제가 늘 번거롭게 해드려 죄송합니다.
B: 별말씀을요. 이 정도 일은 아무것도 아니에요.

질문 : B가 한 말의 뜻은 무엇인가?

1. 일이 수월하다.
2. A가 귀찮다고 생각한다.
3. A에게 도움을 요청하고 싶어 한다.

정답 : 1

8주차 삽입어

1. A: 샤오왕이 최근에 직장을 옮겼다면서?
B: 그래? 난 그 소식을 듣지 못했어.

질문: 위의 대화에 근거해서, 다음 중 옳은 것은 무엇인가?

1. B는 샤오왕이 직장을 옮긴 것을 알고 있다.
2. 샤오왕은 새로운 직장을 구했다.
3. A는 샤오왕이 취직하는 것을 도와주고 싶어 한다.

정답 : 2

2. A: 밖에 온통 먹구름인 것 좀 봐.
B: 보아하니 곧 비가 내릴 것 같네.

질문: B가 한 말의 뜻은 무엇인가?

1. 비 오는 날을 좋아한다.
2. 먹구름이 매우 많다.
3. 곧 비가 올 것 같다.

정답 : 3

3. A: 네 성적이 왜 갈수록 더 나빠지니?
B: 사실 제가 요즘 공부할 시간이 없었어요.

질문 : 위의 대화에 근거해서, 다음 중 틀린 것은 무엇인가?

1. B는 매일 공부한다.
2. B의 성적이 나빠졌다.
3. B의 이전 성적은 비교적 좋은 편이다.

정답 : 1

9주차 행동묘사

1. A: 샤오왕은 늘 이상한 일하는 것을 좋아하네.
B: 그가 스스로 내세우기 좋아한다는 것을 모두 알고 있죠.

질문: B의 어투는 어떠한가?

1. 동정하다
2. 풍자하다
3. 찬양하다

정답 : 2

2. A: 네가 무슨 말을 하는지 모르겠어.
B: 더 이상 시치미 떼며 나를 속일 생각하지 마.

질문: 위의 대화에 근거해서, 다음 중 틀린 것은 무엇인가?

1. B는 달가워하지 않는다.
2. A는 모르는 척한다.
3. B는 A를 속였다.

정답 : 3

3. A:내가 샤오왕에게 너를 도와달라고 할게.
B: 그는 방해만 될 뿐이야. 차라리 모르게 하는 편이 나아.

질문 : B가 한 말의 뜻은 무엇인가?

1. 샤오왕에게 이 일을 알려주면 안 된다.
2. 샤오왕은 와서 도와줄 것이다.
3. 샤오왕이 와서 도와주기를 바란다.

정답 : 1

10주차 인물평가

1. A: 우리 내일 같이 수영하러 가는 거 어때?
B: 내가 맥주병이라는 거 몰랐어?

질문: 위의 대화에 근거해서, 다음 중 옳은 것은 무엇인가?

1. A는 B가 수영을 할 줄 모른다고 여겼다.
2. B는 수영을 할 줄 모른다.
3. B가 수영을 할 줄 아는 것을 A는 모른다.

정답 : 2

2. A: 투자에 대해서는 당신이 아는 것이 정말 많군요.
B: 별말씀을 다하시네요. 저는 문외한에 불과합니다.

질문: 위의 대화에 근거해서, 다음 중 틀린 것은 무엇인가?

1. B는 투자에 대해서는 아무것도 모른다.
2. B는 단지 겸손의 말을 할 뿐이다.
3. A는 B를 칭찬하고 있다.

정답 : 1

3.

A: 너 아직도 나한테 화났어?
B: 내가 그렇게 속이 좁은 사람으로 보이니?

질문 : B의 어투는 어떠한가?

1. 만족하다
2. 마음에 꼭 들다
3. 기쁘지 않다

정답 : 3

11주차 상황설명

1.

A: 샤오리는 졸업을 하자마자 바로 취직을 했어요.
B: 유능한 사람은 어디를 가든 환영을 받네요.

질문: 위의 대화에 근거해서, 다음 중 틀린 것은 무엇인가?

1. B는 샤오리를 칭찬하고 있다.
2. 샤오리의 능력은 그리 좋지 않다.
3. 샤오리는 유능한 사람이다.

정답 : 2

2.

A:샤오왕은 또 일자리가 없어졌네요
B:그는 어딜 가든 해고를 당할 거예요.

질문: 위의 대화에 근거해서, 다음 중 가장 적합한 문장은 무엇인가?

1. 샤오왕은 일을 성실하게 하지 않을 것이다.
2. B는 샤오왕의 능력이 뛰어나다고 생각한다.
3. 이곳은 샤오왕의 첫 번째 일자리이다.

정답 : 1

3.

A:이 프로젝트는 어떠한가요?
B: 골치 아프게 하는 문제가 꽤 있어요.

질문 : B의 어투는 어떠한가?

1.기쁘다
2.기대하다
3.걱정하다

정답 : 3

12주차 비유형 관용어

1.

A: 당신 굉장히 피곤해 보이네요.
B: 어젯밤 밤을 새워 일했어요.

질문: 위의 대화에 근거해서, 다음 중 틀린 것은 무엇인가?

1. B는 기운이 없어 보인다.
2. A는 어제 매우 늦게 잤다.
3. B는 밤을 새워 일했다.

정답 : 2

2.

A: 이 음식점은 굉장히 유명하다던데.
B: 그래서 내가 너를 데리고 여기 왔잖아, 우리는 셰프의 특별 요리를 주문할 수 있어.

질문: 위의 대화에 근거해서, 다음 중 옳은 것은 무엇인가?

1. 셰프의 특별 요리는 아주 맛이 있다.
2. 그들은 아직 음식점에 도착하지 않았다.
3. 이 음식점의 요리는 맛이 없다.

정답 : 1

3.

A: 지금 부동산에 투자하면 틀림없이 돈을 벌 수 있어.
B: 나는 네 허풍을 더 이상 듣고 싶지 않아.

질문 : B의 어투는 어떠한가?

1. 만족하다
2. 기대하다
3. 의심하다

정답 : 3

13주차 성어와 속담

1.

A: 샤오왕은 기말시험을 잘 못 봤어요.
B: 너희는 비슷비슷해서 더 노력해야 해.

질문: 위의 대화에 근거해서, 다음 중 옳은 것은 무엇인가?

1. B는 샤오왕을 칭찬하고 있다.
2. A는 시험을 잘 보았다.
3. A와 샤오왕의 성적은 비슷하다.

정답 : 3

2.

A: 여권을 가지고 나오는 것을 깜박했네.
B: 또 시작이군. 넌 왜 항상 이것저것 잘 빠뜨려?

질문: B의 어투는 어떠한가?

1. 동정하다
2. 불만이다
3. 기대하다

정답 : 2

3. A: 너는 왜 샤오왕을 싫어해?
B: 그는 일 처리를 건성으로 하는 단점이 있어.

질문 : 위의 대화에 근거해서, 다음 중 틀린 것은 무엇인가?

1. 샤오왕은 일할 때 그리 성실하지 않다.
2. B는 샤오왕이 일을 잘 해야 한다고 생각한다.
3. B는 샤오왕이 괜찮은 사람이라고 생각한다.

정답 : 3

뭔가 있어 보이는 중국어 52 관용어

了不起

초판 인쇄	2020년 2월 1일
초판 발행	2020년 2월 7일
지은이	장린자
발행인	김인철
총괄 · 기획	윤성우 Director, University Knowledge Press
편집장	신선호 Executive Knowledge Contents Creator
기획 · 물류	이현진 Planning Expert
사전 · 도서편집	정준희 Contents Creator
전자책 · 도서편집	장혜린 Contents Creator
도서편집	이병철 Contents Creator
	이근영 Contents Creator
재무관리	하누리 Managing Creator
발행처	한국외국어대학교 지식출판콘텐츠원
	02450 서울특별시 동대문구 이문로 107
	전화 02)2173-2493~7
	팩스 02)2173-3363
	홈페이지 http://press.hufs.ac.kr
	전자우편 press@hufs.ac.kr
	출판등록 제6-6호(1969. 4. 30)
디자인 · 편집	(주)이환디앤비 02)2254-4301
인쇄 · 제본	네오프린텍(주) 02)718-3111

ISBN 979-11-5901-683-7 13720 정가 20,000원

*잘못된 책은 교환하여 드립니다.

HUiNE은 한국외국어대학교 지식출판콘텐츠원의 어학도서, 사회과학도서, 지역학 도서 Sub Brand이다. 한국외대의 영문명인 HUFS, 현명한 국제전문가 양성(International +Intelligent)의 의미를 담고 있으며, 휴인(携引)의 뜻인 '이끌다, 끌고 나가다'라는 의미처럼 출판계를 이끄는 리더로서, 혁신의 이미지를 담고 있다.

이 책의 음원(mp3)은 한국외국어대학교 지식출판콘텐츠원 홈페이지 (press.hufs.ac.kr) - 게시판 - 자료실에서 다운받아 사용하시기 바랍니다.

뭔가 있어 보이는

了不起

중국어 관용어 52